历史原来这么有趣 · 汉朝卷

后刘邦时代

墨香满楼　著

中国铁道出版社有限公司
CHINA RAILWAY PUBLISHING HOUSE CO., LTD.

内 容 简 介

本书主要讲述的是刘邦死后的时代，吕后家族和刘氏家族之间的争权过程，并且从中展现了政治斗争的残酷和瞬息万变的特性，关键时刻依靠陈平、周勃等人保住了刘氏家族的江山，出现了后世称颂的文景之治。在这场政治斗争中也产生了中国历史上最大的"政治馅饼"……

这一系列的事件和人物都精彩无比，可说高潮迭起，令人目不暇接、欲罢不能。

图书在版编目（CIP）

后刘邦时代 / 墨香满楼著 . —北京：中国铁道出版社，2015.7（2021.9重印）
（历史原来这么有趣·汉朝卷）
ISBN 978-7-113-19991-3

Ⅰ.①后… Ⅱ.①墨… Ⅲ.①中国历史—西汉时代—通俗读物 Ⅳ.① K234.109

中国版本图书馆 CIP 数据核字（2015）第 036759 号

书　　名：	**历史原来这么有趣·汉朝卷** **后刘邦时代**
作　　者：	墨香满楼

策划编辑：祝　松	编辑部电话：010-51873038	电子信箱：zyxbooks@126.com
责任编辑：张艳霞		
编辑助理：徐丽娜		
封面设计：陆　仁		
责任校对：龚长江		
责任印制：赵星辰		

出版发行：中国铁道出版社有限公司（100054，北京市西城区右安门西街 8 号）
网　　址：http://www.tdpress.com
印　　刷：三河市燕春印务有限公司
版　　次：2015 年 7 月第 1 版　　2021 年 9 月第 2 次印刷
开　　本：710 mm×1 000 mm　1/16　印张：13　字数：190 千
书　　号：ISBN 978-7-113-19991-3
定　　价：42.00 元

引　子

　　我很喜欢历史，历史记载着人类的过去，指示着人类的将来。在我们国家长达五千多年的历史中，有许许多多的精彩与遗憾值得我们用心去赏析、去体味。尤其是汉朝，这个我国真正意义上的大一统的朝代之一，有着太多身披"历史第一"的人物和事迹让我们去书写。

　　前面我们已经讲过刘邦带领着一大帮热血男儿建立了大汉王朝；而刘邦之后，大汉的最高统治权一度落入一个外姓女人的手中。刘邦"非刘氏而不能王"的遗训被这个女人变成一句空话，她就是刘邦的老婆吕后。

　　与吕后做斗争的除了一大帮功臣与刘姓子弟，还有风情万种的戚夫人。两个女人在大汉的历史上上演了一场争夺最高统治地位的血腥大戏，最终是位高权重的吕后赢了，还是貌似天仙的戚夫人赢了呢？

　　她们都输了，那么渔翁得利的又是谁呢？

　　本书将刘邦过世后，汉朝皇室的腥风血雨与渔翁得利，以及后来的当权者事迹一一展现给大家，展现给那些喜欢历史的人们。

　　整本书我构思了很久，主要讲述的是从吕后掌权到文景之治这半个世纪关于汉朝的历史——半个世纪里的疯狂内争与持久外患。

　　本书基本上是以年代与具体人物为主线，运用了一种轻松而又忠于历史的写作手法，希望能"深入浅出"地将这段历史讲述给大家。读史多年，深知那些学究性的史料是多么让人倒胃口，那些"专业"的术语和故作高深的文字又将大部分人挡在历史的门外，以致与这些精彩的人物和事件无缘，不能不说这是一种遗憾和撰史者的悲哀！

　　我想历史就如同我们的过去，不能忘记过去，忘记就意味着背叛。只有了解过去，才能展望未来。抱着让更多人了解历史的使命，希望大家能从中了解那些精彩的人和事……

　　汉朝是中国历史上最伟大的朝代之一，而吕后也是中国历史乃至世界历史上最独特最具争议的当权者之一。她从一介农妇变成了一个王朝的最高统治者，从一个被丈夫嫌弃的女人变成了女权的代言人，其间多少坎坷、辛酸与狂喜，她终于成功了。然而，命运最终还是将她收服了，把一个与世无争的女人——薄姬推上了历史的舞台，她的儿子汉文帝、她的孙子汉景帝终于将大汉带入了一个和平发展的黄金时代……

　　刘邦之后的大汉，巾帼撑起了半边天，她们否定了很多，也创造了很多，最主要的是，她们打破了"女子无才便是德"的世俗观念，不再仅仅依靠美色获得宠爱与权力。

　　历史因为红颜而精彩，历史因为精彩而传承。

目 录

Contents

第一章　萧规曹随

吕后的狠毒

公元前 195 年，汉高祖刘邦驾崩，永远地离开了他自己一手打造的大汉王朝。虽然他对自己的王朝有诸多忧虑，但是谁也逃脱不了生老病死，只能感叹自己是人不是神，不能长生不老。

一个人若君临天下，都有长生不老的幻想，秦皇汉武都对此孜孜以求。在这一点上，高祖刘邦可谓是达人知命。他自知不久于人世，不仅不求长生，还将来给他医治的医生训斥了一顿。丝毫不在长生术方面劳民伤财。而在他之前的秦始皇，一边让方家术士去海外求取仙药，一边大修地宫，妄图死后继续享受帝王富贵。刘邦的重孙汉武帝也是如此，晚年大肆炼丹，想要长生不老。这是后话，先看看刘邦死了以后，那些还活着的人们都在干些什么。

刘邦死后，太子刘盈顺理成章地坐上了皇帝的宝座，吕雉也当上了皇太后。这个陪伴刘邦打天下的女人终于被推到了历史舞台的最前端，天下形势随之陡然大变。

在后宫受冷落的人如今飞上枝头变成了凤凰，掌握起很多人的生杀大权，这是政治斗争中天翻地覆的变化，而这个变化会改变很多人的命运，有些人会发达，有些人会死去。

此时的吕太后一心只想复仇，她要报复那些曾经给自己带来苦难或者在自己的伤口上撒过盐的人。

女人善妒。在吕太后眼里，最让她受伤的无疑就是昔日最受刘邦宠爱的戚夫人。这个女人不仅夺去她的所爱，还差点废掉她的儿子，毁了她的前程。

于是，戚夫人首当其冲被列入报复计划的黑名单榜首。

可怜的戚夫人，她错就错在把所有的希望都寄托在一个人身上，虽然这个人生前无比强大，但他再强大，再爱你，无论如何也管不了自己死后的事情！

戚夫人生前若能结交一些有智谋、有威望的朝臣，其下场也许不至于这么悲惨。

刘邦一死，戚夫人就失去了唯一的靠山。当年吕雉受打击、受排挤时，众多文武官员都站在吕雉那一边，毕竟人家是原配，满朝文武都是看着她受苦受难坚强挺过来的，况且对于笼络人心，吕雉可是做足了功课。

而今轮到戚夫人受打击，却没有一个人胆敢为她说一句话，就算有人想帮她，也只能暗中传个小纸条而已——其实，吕后的怨恨早已深入骨髓，即使有人斗胆为戚夫人求情，也起不了什么作用。

而且，更重要的是，刘氏江山也有吕后立下的汗马功劳。说得客气点，乃我皇家家事，大臣不宜参与。

于是，在众目睽睽之下，吕后把戚夫人赶进了一个特别的住处——永巷，这是当时皇宫里规格最高的特种监狱，一般人是进不来的，但是进来的人，也就别想着再出去了。历史证明，凡是关进永巷的人，没有一个能活着走出去。

当然，对这个胆敢跟自己争宠夺爱，甚至多次哭闹着要用如意小儿来换刘盈太子之位的戚夫人，吕太后绝不会仅仅将她关起来就善罢甘休了。

一只羊，平常都是放养着。除了夜晚进圈，很少会被关起来。

当白天也要关它的时候，那是为了杀它。

戚夫人就是这只羊。

不过她毕竟还不是羊。她的感官要比动物敏锐，情感要比动物丰富，所以不能一杀了事。要一刀一刀杀她才会更痛苦。

她越痛苦，吕太后便越快乐。因此史书给我们留下了不忍卒读的史料。每逢吕太后处理完政务后，一有兴致，就到永巷看看这位貌若天仙的情敌兼政敌，顺便给点儿"恩惠"，让她领教一下和自己作对的诸多"好处"。

吕太后一把拉起戚夫人的如云长发：妹妹啊，你长得真好，肤如凝脂，发黑似瀑——这么好看的头发，如今也没有人抚摸了，还是剃了吧，祭奠一下高祖的在天之灵吧。

狱吏听后，马上将戚夫人的脑袋剃成光光的秃头，然后给她戴上太后特别定制的铁链，拴住她的脖子，并且给她套上土红色粗布做成的囚衣，吕太后可不会让这个曾经折磨自己的女人吃闲饭，那就找点儿事情给她做吧，于是就展开了"舂米运动"。

吕太后开心地观赏着这一切，然后回去忙政务了。

挣扎得死去活来的戚夫人终因虚弱无力，瘫倒在地。但是，折磨并没有因为吕太后的暂时离去而稍有停止，吕太后派来"伺候"戚夫人的宦官宫女们特别尽职尽责，一刻也不让她好过，也难怪他们这样，把戚夫人"伺候"好了，他们是可以得到好处的，反正大局已定。戚夫人已回天无力，同情她不仅捞不到半点儿好处，还有可能被吕太后发现因此而送命。

夜深人静的时候，戚夫人悲痛之余，想起了自己远在外地的儿子。她一面舂米，一面哼哼唧唧唱起歌来：

儿子是亲王，娘是囚犯，捣不尽的米啊，跟死亡相伴，相隔三千里，谁能把信息传？

本是一首普通的思念抒情歌曲，没想到却害了自己儿子的性命。

这首歌很快就传到了吕太后的耳朵里，勃然大怒是她最本能的反应：怎么，你还指望刘如意发兵救你，来个大翻身？这首歌也让吕太后突然想到了刘如意这个人，留着他终究是个隐患，倒不如……

戚夫人自创的这首"舂米歌"更加坚定了吕太后斩草除根的决心，

而且，一刻也不能迟疑，免得夜长梦多。

很快，朝廷的诏令到达了赵王刘如意的王府。

当听说都城长安有朝廷命令到达赵国的时候，身为赵国国相的周昌立刻就发现这其中的猫腻儿，在政治圈里混了这么久，任何人都能看出来这诏书背后的阴谋。

如果刘如意去了长安，结果只有一个，母子全部被杀。但诏书已至，又不能直接说不去，那就成抗旨了，人家正愁抓不到你的把柄呢？怎么办呢？去是死路一条，抗旨也是死路一条，真是难为了周昌。

虽然周昌说话结结巴巴，但是脑子却很灵活。遇到这种比自己级别高的人提的要求，但自己又不想照做，实在很是无奈，但也不是没有办法解决，按照历史的惯例，会先搬出比提要求人更高级别的人来压对方一下，然后说明不是我不去，而是比你级别高的那人吩咐过或者变相吩咐过，所以我不能照做。

周昌思索片刻之后说了一番话，让使者哑口无言，大概意思就是说高祖临终前把赵王托付给我，让我好好照顾他的生活，赵王现在已经很习惯这里的生活了，怕去了长安水土不服，要是这样，我太辜负高祖了……

如此这般，句句不离高祖，弄得送诏书的人也很无奈，吕太后毕竟只是高祖的老婆，人家拿你老公来压你，我也没办法啊。吕太后三次下令，都被这个固执的周老头如此这般三次拒绝。

现在看来，要想解决刘如意，周昌成了最大的障碍。

其实杀了周昌简直易如反掌，如今，吕太后就是朝廷，朝廷就是吕太后，她只要一翻脸，说周昌抗命，谁都救不了他。

关键是周昌抓住了吕太后不会这么做的心理，不然也不敢这么名目张胆地违抗命令，还拿死人说事儿。

周昌之所以如此牛气，胆敢数次拒绝吕太后的命令，一方面因为他为人正直、声望甚高，简单说，就是朝廷有人撑腰，动他不得；更重要的是，他有恩于吕太后。

想当年，年迈的刘邦在朝堂上屡次要求废除太子刘盈，传位给刘如意时，整个朝堂鸦雀无声，谁都怕得罪了老糊涂刘邦，只有周昌，冒着被杀头的危险，颤颤巍巍上前，结结巴巴道出自己的强烈反对意见：陛下要是准备废太子，臣……臣……臣绝不会遵从！

反对者一，同意者零，刘邦的提议在大家的哄笑声中不了了之。

在后堂偷听的吕雉等散朝之后，找到周昌，当即双膝跪地：周老先生的恩德，吕雉没齿难忘。

所以，吕后虽然性格阴鸷，但她没有对数次阻挡自己计划的周老头下手，如此看来，吕后还算是"恩怨分明"。

难道就不杀刘如意了吗？怎么可能，直线走不通，可以绕个曲线走，总之，策略可以变动，目的不能改变，这就是政治。

刘如意在赵国的存在，让大权在握的吕太后寝食难安，一计不成再生一计：征召赵王，有国相周昌可以拒抗；那征召周昌，总没人敢抗拒命令了吧——调虎离山之计可是吕太后的拿手好戏，在以后的岁月中我们将看到她屡试不爽。

征召令一到，周昌也没有办法，只好上路，来到长安后，觐见吕太后。

吕太后虽念及旧恩，但如今时过境迁，跟当年向他下跪的日子不同了，当年戚夫人在刘邦面前猛吹枕边风，以至于她的皇后宝座岌岌可危，儿子的太子之位也差点不保；如今，她贵为皇太后，上下大权一把抓。

因此，吕太后一见周昌，便开骂道："你这个糟货，难道不知道我跟刘如意母子势不两立，干吗不放刘如意来？"

周昌答："高祖把赵王托孤给我，我只要在一天，就要保护他一天。况且赵王是现任皇帝的幼弟，高祖最疼爱的儿子。我从前保护现任皇帝，得到高祖信任，所以盼望我也同样地能保护赵王，免得他们弟兄骨肉相残。如果你怀着私欲私恨，我不敢参与，我只知道奉行高祖的遗命。"

这一番话说得吕雉哑口无言。但再严正的理由都无法改变一个女人的私心，吕雉是谁？即便如今刘如意母子对她构不成任何威胁，但旧账还是要算的。

吕雉的旧账自她从楚营回到汉营开始算起。

首先是抢恩宠，先前吕雉是刘邦的结发妻子，然后刘邦身边有了戚夫人，估计再没有碰过人老珠黄的吕雉了。

然后是抢风光，绝大部分女人都是会恃宠而骄的，何况天生丽质的戚夫人遇到了风流年迈的刘邦。这两个女人在皇宫里相遇，从来没有给过对方好脸色，但戚夫人在位份上比身为皇后的吕雉要低，却对她有恃无恐，这让皇后吕雉感到特别屈辱。

最重要的就是抢太子之位，这简直就让吕雉几近抓狂，吕后为协助刘邦打江山，可谓是殚精竭虑、死去活来，在楚营受尽折磨，后来又帮刘邦诛杀功臣，真可谓忠心不贰——然而戚夫人仗着皇帝的宠爱，生个儿子就想让儿子当皇帝，鸠占鹊巢，反客为主……

吕雉越想越气，如今时机已到，我不会杀你的，杀了你只能说明我太大度了，我要折磨你！

吕雉马上再下令征召赵王刘如意。没有了周昌做主，赵王如意只好前往长安。

刚坐上宝座的刘盈，年龄也不大，但他在师傅们的教导下，倒是为人敦厚。

按说，刘如意几乎把他的皇帝位置挤掉，他应该痛恨刘如意才是，可是刘盈不是他母亲，他非常顾念骨肉之情，对刘如意这个机灵可爱的弟弟颇为喜爱。在刘盈看来，皇位之争是自己母亲和刘如意母亲之间的争斗，如果说刘如意差点占了自己的位置，也是他母亲策划的，他并不怪如意弟弟，可见刘盈是多么厚道。

在他得知刘如意将到长安的消息后，亲自到郊外迎接，一直接到皇宫里。

十八岁的刘盈，还没有娶皇后，为防止皇太后对小弟下毒手，刘盈坚持与刘如意一起吃饭，一同睡觉，形影不离。

吕后要加害刘如意母子的事情已经路人皆知，刘盈当然不可能不知道母后召见刘如意的目的，所以刘盈采用了吃住一起的策略来保护自己的弟弟，让吕后一干人等没有机会下手。

看到儿子如此这般公开与自己作对，吕后非常着急，但她现在还真不想得罪儿子，毕竟自己也是仰仗着他的存在才大权在握的。她必须想出一条妙计，在不伤害亲生儿子的前提下，命中目标。

很快，机会来了。

这一年冬天里的一天，刘盈突发奇想，一早就爬起来，要去打猎，而年幼的刘如意贪恋被窝的舒适，呼呼睡得正香，怎么叫也叫不醒。刘盈觉得我就出去这一会儿工夫，应该没有关系吧，嘱咐完身边的人对自己的行踪绝对保密之后，就出去打猎了。

吕后的爪牙，早已遍布在皇宫的每一个角落，此刻正是他们表忠心的机会。

他们马上向吕后汇报，吕后即刻派人前往对如意下黑手——等的就是这一刻啊！

刘如意就在睡梦中端过了他的孟婆汤。当刘盈打猎回来，幼弟已七窍流血，死在床上。痛哭流涕的刘盈责问周围的人，却不想他们个个指天发誓，没有一个人知道赵王暴毙的原因，甚至连吕后也一脸无辜，对于刘如意的暴毙深感"遗憾"。

吕后杀了刘如意，已经没有后患了。

在永巷舂米的戚夫人强烈地感觉到自己的悲惨命运即将开始，但是她绝对想不到这悲惨的命运将会以什么样的形式呈现。

吕雉是这么做的，由于过于残暴，怕吓坏了读本书的朋友们，我在这里大致复述一下。

吕雉下令砍断戚夫人的双手双脚，再将其眼睛挖出来，用烟把她的耳朵熏聋，然后强迫她喝下哑药，扔在茅厕里养活着，命名曰"人彘"。

可怜一代绝世美娇娘，在另一位绝世毒妇的手中，终于变成一个血肉模糊的肉棍。

她光着头，两眼变成两个鲜血淋淋的黑洞，耳朵听不见，万千苦痛，呐喊不出。手断，脚断，求生不得，求死不能。

吕后满意了吗？

解恨了吗？

接下来有事实证明，她还远远没有玩够。

吕后这般处置了戚夫人后，看着自己的杰作，实在掩饰不住自己的兴奋，炫耀给谁看好呢？

儿子刘盈最不听话，还阻拦自己对付刘如意那小子，岂不知我所做到一切都是为了他好？不妨叫他来看看。

吕雉马上传话给她的皇帝儿子刘盈：儿啊，快来参观一件绝无仅有的东西。

刘盈打开茅厕一瞧，吓得毛骨悚然，忙问旁边的太监，那个蠕蠕而动的肉棍是啥。

太监如实相告：她是先王的宠姬戚夫人。

这实在太出乎意料了，吓得魂飞魄散的刘盈热血直往头顶冲，回过神来后，立刻放声大哭，直到昏死在地。

过度的悲痛与惊恐，使得刘盈整整病了一年，然后叫人带话给吕后：像这样的残忍行为，绝对不是人可以做出来的，我作为你的孩子，也不能算作人，更不能治理天下，以后朝廷的事情，你自己看着办吧！

吕后没有让刘盈失望，以后朝廷里的大事小情自己真的就看着办了。

萧何的政治水平

创业君主刘邦去世后，大汉王朝的后宫风声鹤唳，其"前宫"也马上陷入动荡不安之中。

继任的皇帝刘盈不仅年少，性格还特别仁弱。按说刘盈的师傅叔孙通也算得上是个有名的智士，但为师的可能实在也不怎么欣赏自己的品性，偏偏用正统的仁义道德把老实的刘盈教得越发谦恭礼让，但是忘记了告诉他对待不同的人要用不同的方法。

刘盈这样的性格与信仰，放在平安稳定的时期或许尚可，但是大汉王朝才建立不久，多年混战早已将这个国家的政治经济折腾得千疮百孔，各种政策均没有完善，加之皇太后吕雉权欲熏天，新成立的大汉皇朝一时间陷入风雨飘摇之中。

这期间，最辛苦的人莫过于忠诚贤良的相国萧何了。

萧何一时成为夹心饼干，他一方面要绞尽脑汁，想出各种委婉的方法，阻止皇太后过分伤害刘氏政权，避免吕氏家族势力的迅速膨胀；另一方面还要疏导那些开国功臣们对吕后的不满，避免太明显、太强烈的内讧，造成整个皇朝的崩溃。

这是一件很见政治功力的事情，火候把握不好，可能就是一场血雨腥风，要把几拨来历不同、目的各异的人的利益"烩"在大汉这个锅里远比把不同的菜烩在一个锅里难得多。

萧何个性特别温和，做事态度审慎，在关中地区声望甚高，对于自己没有把握的事情，一般绝不轻易动手，对羽翼日渐丰满的吕雉，当然也没敢得罪。

其实萧何比吕后还先认识刘邦，不仅是元老，还堪称刘吕姻缘的见证人。

在刘邦落草为寇，官府缉拿刘邦无果，将吕雉拿去充数的时候，萧何可谓费尽心机，救吕雉于危难之中，因此吕太后再强势，对萧何还是敬重有加的，况且在政务上，吕后确实还得仰仗萧何。

吕氏一党虽在吕后的支持与指使下，全力夺权，但大汉在萧何的掌舵下，让吕氏的速度减缓，为后来刘氏反扑争取了时间。

可是，年岁不饶人啊，当了两年的夹心饼干，年迈的萧何健康状况越来越坏了，过度的操劳使得他看起来比实际年龄老了很多。

萧何不仅面相神态上显老，更老的是心力，他是真的需要休息啦。

小皇帝刘盈对母亲的感情真是五味杂陈，尤其是看着她把戚夫人折磨成那样，只能以自己的不理朝政、花天酒地来对抗吕后的霸权。

但他毕竟是个仁慈的人，怜悯苍生、关心社稷，也深知萧何对于这个庞大帝国的重要性，因此在听说萧何的病情恶化后，小皇帝刘盈亲自跑到相国府向萧何请教后事。

刘盈："君相百年以后，有谁可继任您的职位？"

萧何："知臣莫若主啊！"

刘盈："曹参如何？"

萧何："陛下得到胜任的人才，臣虽死而无遗憾了！"

这段对话我们似乎有点熟悉，刘邦临终的时候，吕后好像就是这样问的。

曹参接续萧何的职务，早在刘邦的遗言中就已经明确了。当然，前提是萧何去世时，曹参仍在世。如今的曹参不是已经具有合法的继承权了吗，何必再问？

刘盈要问，而且必须得再好好问一次，尽管萧何还不敢正面做出肯定的回答。

因为这时候吕后一党正蠢蠢欲动，要夺取政权，如果不再强化一下曹参接位的合法合理性，高祖遗言发生变数是有着极大可能性的。

如果相位出现意外，吕氏家族趁机夺走相位，那汉朝后面的历史可能真的要改写了。说到这里，我们不得不佩服刘邦，他真是高瞻远瞩呀，把自己死后的事情都安排得天衣无缝。

不久一代忠臣萧何便归西了。

下面我们来为这位勤勉的萧老先生做个小结吧。

萧何对于汉皇朝的贡献，应该首推内政、财政和经济方面，萧何也算得上是一个高瞻远瞩的人，比如他将创业时期必有的财务困难，就做了非常具有前瞻性的安排。

抢先项羽进入关中时，别人都争着哄抢金银财宝、美女，萧何什么也不抢，只是四处搜寻秦国的文书记录。

这是宰相的眼光，资料地图让他得以正确掌握全国的生产实力以及分布状况，萧何当时的理财观念倾向于保守，主张开源节流。

历经战乱，宇内终于迎来不再兵荒马乱的"建国初期"，可谓百废待兴。

以前刘邦、项羽他们一带兵就是几十万人，那都是咱自己人，是最精良的劳动力啊；况且，人精良，活动量大，消耗得肯定也多；众多的将士壮烈牺牲后，田园也荒芜了不少。

因此，这时期大汉王朝的人力和物力都是非常珍贵的资源，全国人民高举萧相国"开源节流"的大旗，大步前进。

事实证明，萧何的规划确实是合理的，老百姓图个啥？谁当皇帝那是你们王侯将相的事情，我们贫苦百姓只求有口饭吃就行了。

况且我们华夏民族的百姓都是勤劳善良的，你减税了，我们就不闹事了，大家都可以吃饱饭了——天下太平啦，大家安心扛着锄头干活去了。所以萧何在关中的名声很好，老百姓为何喜欢他？因为跟着萧何有饭吃！

所以，萧何在汉王朝初期实行的财务政策是很符合当时的实际情况的。

但萧何本人却并不富有，当然，他为了消除刘邦的戒心，也曾经故意炫过一次富给刘邦看：就是英布造反时，为了让刘邦安心出去打仗，表明自己没有野心，不会功高震主，他就设计降低自己在关中的声望。

这个世界就有这么矛盾，刘邦希望萧相国给他好好管理后方，又要防范他在民间声望过高，这可真是难当的差呀。

萧何被逼无奈，也曾故意强购民产——大家不要觉得我人太好了，要不皇帝就觉得我想笼络人心，想造反啦！

即便是个人理财，萧何也是非常保守而爱民的。他每购置田产务必找到那些穷乡僻壤的劣地，避免伤及百姓的生产力；他虽然规划兴建了豪华的宅室，自己的居室却是窄小而简陋的，一点儿也不像相国府。

有人劝萧何，你当那么大的官，至少要为子孙准备点像样的家产嘛，这年头，谁不捞点油水啊！

萧何却笑答："如果我的后代有能力的话，就不用给他留什么家产；如果我的后代能力很差，即使留下万贯家产，也会被人抢走。"

智者灼见，虽千秋万代，仍熠熠发光。

刘邦打下天下之后，论功行赏，萧何以"功人"的资格，得到的封赏最多，但萧何终其一生，都是恭俭勤劳的，从来没有放任享受过，一直主张轻徭薄赋，藏富于民，所以我们说，大汉王朝日后的富强，与萧何当年以身作则而培养出的廉洁风气有着相当大的关系。

萧何，作为一个为刘邦打工的管理者，既能得到老板的赏识与信任，又能为百姓苍生谋取长远利益，他一生计谋奇出！最终能得以善终，可见其政治上的高明和人格上的魅力。

萧相国走了，另一个有智慧的人即将接棒。

历史原来这么有趣·汉朝卷——后刘邦时代

第二章　曹参称相

曹参是怎样炼成的

曹参堪称刘邦班底的首席猛将，当萧相国归西的时候，他接过兄弟的权力棒。

曹参和萧何一样，原本都是刘邦亭长时代的上司，一白一黑、一文一武；沛县起义时，曹参和萧何同是主角，也是刘邦最早期的班底。

曹参和萧何早年的感情可谓是亲密无间。

楚汉相争时，萧何在关中负责安抚百姓和筹集粮草，曹参则在外出战。自出陈仓、定关中开始，曹参一直隶属于韩信的军团，曹参主要在黄河以北征战，他打仗特别卖力，几乎每战必去，而且充当相当重要的角色。

他真的很讲兄弟义气，拼死拼活为刘邦打江山。也可见刘邦的魅力真的很大。

当时的曹参是肩负着刘邦的双重重任前去打仗的。

第一个任务：杀敌；第二个任务：监督。

打仗就是杀敌，曹参去监督谁？

我们从韩信的军团布局可见一斑：除了直属部队外，还附属了两支最主要的军团——灌婴负责的骑兵部队与曹参负责的步兵部队。

灌婴和曹参这两人带领的队伍不仅独立作战能力较强，对韩信这支主动攻击黄河以北地区的军团起到强有力的辅助作用，他们两位还是刘邦派来监督韩信、分散韩信影响力的王牌棋子。

毕竟，做皇帝的人，都是为自己留了后手的，刘邦当时就已想好：韩信你这么厉害，真的会一辈子为我卖命吗？你自己就不想当皇帝吗？我断不能等你兵临城下的时候再做准备——我还是派我的好兄弟兼忠实粉丝曹参来协助你吧，你听我的话时，他们就协助你，你要是胆敢反我，他们就随时消灭你！

曹参还真是不负所托，灌婴带领着骑兵负责冲锋和追击，曹参则带着他的步兵军团攻城略地、击溃敌人或占领城池。

分工合作到曹参这个程序上，还真要有点智慧，所以在辛苦和危险上，曹参更甚于灌婴。

曹参做事负责、打仗勇猛，常常一马当先，亲上前线进行指挥，据说他全身受伤达七十多处。因此，在皇朝论功时，在刘邦的"偏心"下，曹参的功劳仅次于萧何，排名第二。

其实在当时的朝廷大臣和将领眼中，曹参功劳比萧何还要大。

萧何再有智谋，脱光衣服就一身白肉，什么伤疤也没有；而曹参则亲自冲锋陷阵，满身伤痕就是功劳的最大明证。

因此，在封爵时，曹参不但是最早得封，而且食邑万户（收一万户人的税），高于萧何起初的八千户。

张良虽也封为万户，但时间仍在曹参之后。

倘若不是刘邦以全局观的精神，判定萧何功劳第一，给其追加两千户食邑，曹参卓越的军功以及勇猛的表现，在大家眼光中那是响当当的老大。

说起来，又要赞刘邦一下，他看得到别人看不到的巨大的"潜在价值"。

大臣们都看不到的"潜在价值"，年轻气盛的曹参当然也不能看到，所以，在大家的赞美声中，曹参也以为自己有那个实力，比萧何这个只会抢文书、从来没有亲历过炮火的兄弟强。

因为这种心理作祟，赏赐分配这件事大大伤害了曹参和萧何的私人感情，从建国后到萧何去世的八九年之间，双方似乎都没有什么来往，刘邦基于此，还刻意将曹参调往东方的齐国为相国，免得两个人见面时尴尬，也免得曹参埋怨自己偏心。

出生入死的好兄弟常常就是这样反目的——老大带领弟兄们抢得好东西归来，怎么样进行分配，这是历朝历代考验老大的难题啊。

即便如此，刘邦在军事上还是非常依赖曹参的。刘邦晚年的两大军事战役——讨伐陈豨和英布的战争中，刘邦还是征召曹参率齐国军队过来驰援。

由此可知，刘邦对曹参在军事上的依赖，是高于身旁的大将周勃、樊哙以及灌婴的。

《史记》记载，曹参的功劳如下。

攻陷诸侯国两个、郡县多达一百二十余个。

俘虏绩效：包括诸侯王两名，宰相三人，将军六人，大莫敖（楚国上卿）、郡守、司马、侯、御史各一人。

曹参确实堪称一位相当有绩效的业务主管了。

在奉命为齐王刘肥（刘邦娶吕雉前的私生子）的宰相后（惠帝元年，废诸侯相国法，相国改称宰相），曹主管在作风上有了一百八十度的大转变。

曹参一反军人的强硬作风，改而崇尚审慎弱势的黄老之学，不刻意做出努力，一切顺其自然。

这对于粗汉曹参来说，确实是非常了不起的转变。沛县还真的出奇才啊，貌似一莽夫，却也能武能文。

曹参到任时，由于刘肥年岁尚轻，没有治国经验，他便召集齐国的一些颇具名望的长老和儒生，开会讨论如何让复杂而动乱频繁的齐国稳步前进，让百姓安居乐业。

曹参的第一招即是借他人的智慧与才干，看来他还真得到了刘邦的真传。当然，每个人都有自己的一套，既然大家是打开天窗说亮话，各家各派的齐国学者也就不客气了，提出了各自派别的看法，济济一堂，争辩纷纷，莫衷一是。

大家的意见都说出来时，必须得有人做出个正确的抉择才行，拍板是很重要的。此时的曹参，听了各家的演说，自己也拿不定主意。因为他也是初来乍到，对于齐地的情况也不是很了解。

不过，既然大家把问题都提出来了，总有办法解决的，办法总比困难多。

曹参的办法是，让大家推荐一个本地的能人，看看他有什么好办法。

于是有人告诉他，在胶西有位叫作盖公的老先生，深通黄老之术，是位大哲人。这下好了，曹参虽然不太了解黄老之术，但在没有办法的情况下，病急乱投医，这位盖公说不定也能帮上忙。曹参迅速让人带上厚礼前往聘请这位老先生。

盖公倒还真是个豪爽的人，他很快就答应曹参的邀请，即刻见面，告诉曹参：

治道应该清静、无为、顺应自然，统治者要把握好一个根本准则，同时相信人民群众自己处理事务的能力，则政治经济自然会趋于安定发展。

曹参听了，醍醐灌顶，立刻令人空出正堂给智者盖公居住，以便自己随时可以向他请教。

由此可见，没有文化不重要，没有思路也不重要，找对人就好。曹参还当真跟着盖公重新为人了，所谓做事先做人也！

此后，曹宰相在齐国的施政，都是以黄老之术的原则进行的，比如给百姓提供一个和平安定的社会环境，百姓好好地给自己干活，官府尽量不来骚扰；当官的不必追求个人绩效，做好服务工作就好……

反正就是一个意思，只求民生安定，国家富足。

九年时间，齐国即恢复了安定，较之以前更加繁荣，曹参也被大家公认为管仲及晏子以后的齐国第一贤相。

所以我们常常说：最简单的就是最好的。

曹参在这段期间，可谓是真正使理论结合实际，终于学会了透视和洞悉世事的高度智慧。

萧何去世的消息一传开，曹参立刻要求夫人等做好准备，西入长安，并着手移交齐国宰相的工作事宜。

旁人不解其故，曹参脸不红心不跳，异常沉稳地回答："我将入京为皇朝的相国，早点做好准备，免得到时候仓皇失措。"

果不其然，很快曹参便接到刘盈的正式诏令，召他即刻赴长安出任相国。

曹宰相对接班者的交代可谓意味深长，由下面的交代，可以看出曹参不但是位优秀的将领，同时也是一个卓越的政治家。

努力处理好齐国的狱政以及市场上的帮派关系，齐国的社会组织特别复杂，百姓间的相异性又特别大。

监狱及市场帮派，是复杂势力集聚的地方，只有接纳了他们，才能加以有效的管理。

如果一味采取强力压制式扫黑，反而会使这股势力四处流窜，奸邪恶人无容身之地，势必造成社会多方面的污染和腐败，因此，这些事情最重要。

这些经验，估计得益于在沛县做"公安局长"时候的经历。

其余的事情，人民自己会处理，不用你去担心！谨记一点，千万不要为了提高自己的绩效，而去干扰人民的生产和生活。

曹参能够如此透彻地看到管理的精髓，提出伟大而又务实的执政观点，实在称得上是萧何的最佳接棒人。刘邦看人，一个字——准！

喝酒治国

前面我们讲过，因为封赏的事情，萧何和曹参就再没有一起唠过嗑，但兄弟还真是兄弟，萧何临终前，还是暗示小皇帝刘盈，只有曹参最适合接任相国这一职位。

而曹参接任后，万事无所变更，完全依照萧何制定的规划进行治理，这就是历史上著名的"萧规曹随"。

既然总方针不变，那么，执行人员也要慎重选择了，以使那些唯恐天下不大乱的、渴望在乱世当英雄的人，统统地没有机会。

曹相国选择共同执政的官员可谓异常小心谨慎，野心家、企图家绝不任用。

他还特别从各个郡国中，挑选出有实际行政经验的官员，最好是那种既木讷又没有什么文采的人，能够老老实实听相国的差遣，办实事就成。

大汉帝国顿时出现了一个奇怪的现象。

那些看上去呼声特别高、个人又非常积极进取、急于表现自己才能、口才大好、富于煽动力的官员，常常被曹参呵斥，有时听他们讲得不耐烦了，干脆把他们发配出去，没有发配出去的，也不给他们什么实际的权力，将其晾起来，不予重用。

曹参到首都安顿下来后，日夜饮酒。曹相国什么时候兴起这个爱好了呢？实在是不得已，目的就是为了降低行政效率，以拒绝处理太多的事情。

这下，大家有点不理解曹相国了。相国啊，您当年打仗的时候，那可是雷厉风行、身先士卒的呀，您在齐国不是还精学了黄老之术吗？如今怎么变得如此邋遢、慵懒，不管政事了呢？

于是很多公卿大夫、将领们都跑到相国府要求觐见曹参，并且商议公事。

曹参倒也爽快，热情地接待他们，马上安排厨房备酒上菜，招待他们大碗喝酒，大口吃肉，一起畅谈打江山时候的陈兵列队，这个曹参太在行了，估计三天三夜也讲不完。

谈兴甚高的曹相国还真不给大家说话的机会，只要有人想说话，曹参便以"再喝，再来干杯"阻止之。

直到喝醉了，折腾累了，什么建议也讲不出来了——散了吧，有事改天再说。

这样的场合，几乎成了曹相国府的家常便饭。

渐渐地，相国大人倡导的这种什么事也不办的纯喝酒聚会，成了大家的习惯，咱民族向来就有上行下效的优良传统。况且，这个效仿实在是太容易了，几次三番，官吏们迅速将曹相国的"优良作风"发扬光大。

还是有很多不解实情而良知尚存的官员，实在看不下去大汉王朝这帮败家子们，天天不干活，拿着官银大吃大喝。于是他们将其他官吏的聚酒行为密告到相国府，恳请相国一定严厉整肃这种不良风气。

曹相国为表示重视，便跑过去看看是否真有此事。到了现场，不想曹相国不但不干涉他们，反而参与进去，一边喝酒一边唱歌。

曹相国每天花在处理相国府公务上的时间少之又少，坚持"大事化小、小事化无"的原则，经常为下属掩饰一些细微的小过错，因此朝廷上下，每天几乎都没有什么大事情，也没有出什么乱子。

小皇帝刘盈当然也耳闻了曹参荒废政事的报告。

自从经历吕雉制造的"人彘"事件后，刘盈病一好，就宣布不理政事，整天喝酒作乐，玩了女人玩男宠。但他也知道，政事由工作认真审慎的萧何在掌舵，能出什么乱子呢？

换上曹参就不同了，他这个"黄老之术"真是太厉害了，形象地说就是"酒肉之治"，他老人家不是老糊涂了吧，居然给我来个万事不管，整个政务还不马上就陷入停顿状态呀！

小皇帝寻思着，得找个机会，表示一下我的愤怒才行——老虎不发威，你还真当我是病猫了！

正巧，曹参的儿子曹窋当时在朝中为中大夫。

刘盈便召见了曹窋，对他埋怨道："你老爹是不是欺侮我年少不懂事，所以才如此荒唐吧？你回去对他说，高皇帝弃群臣而归，当今皇上年纪尚小，他身为相国，整天带领大家喝酒唱歌，无所事事，如此作为怎能成为天下臣民的领导者呢？"

刘盈想想又马上嘱咐曹窋："你千万不要说是我在问他啊，看他听你说了有什么反应，速回报。"

刘盈估计是被他的母亲打压怕了，跟自己的下属讲话还有所顾忌，实在是悲哀啊！

话说曹窋回家后，找个机会，马上将皇帝的意思说给老爹曹参。

不想曹参当场大怒道："你这个混账东西怎么这么多嘴？天下大事哪里是你这种黄毛小子能懂的！给你个中大夫当当，你好好伺候皇上就可以了。"

挨了骂无所谓，曹老爹还当场依家法，怒打曹窋两百下：给我长点记性！

这消息自然马上就传到刘盈耳中，刘盈也大怒："把曹参那老骨头给我叫来。老子不发威，当我是病猫啊，反了你们！"

刘盈当面怒责曹参道："你怎么处罚曹窋呢？是寡人要他来劝谏你的啊！"

聪明的曹参岂能不知道自己的儿子是刘盈指使来的，他处罚曹窋，便是给刘盈看的。

因此曹参立刻脱下相国冠帽，解释道：

"陛下我所以什么事都不做是有原因的！"

"讲来我听！"刘盈还真是生气了，一点儿也不客气起来。

"陛下自认在圣明英武方面，比先皇如何？"

"朕哪敢和先皇帝相比啊！"这个刘盈倒是很有自知之明。

"那么陛下认为我和萧相国，谁比较贤能呢？"

"老实讲，你不如萧何！"

"是啊，陛下讲的很对，我们俩都不如他们啊！如今高皇帝和萧相国为天下所定的法令已经足够清楚了，陛下您只要垂拱而治，我也只要谨守职位，遵守既定的法令，这不就成了吗？"

刘盈如醍醐灌顶，于是便回答：

"朕知道了，就照相国的意思去做吧！"

这段对话真是为曹参在历史上增加了不少知名度，小皇帝真的听懂了吗？未必。曹参尊崇"无为而治"的背后是有着非同一般的苦衷的。

我想，你看了这段对话也只能明白字面意思，更深层次的意思，在后面我会解释给大家。

《史记·曹相国世家》有记载：

"曹参为汉皇朝相国，先后三年，死于任内……百姓歌颂道：'萧何制定法律规章，统合整体行政作业，曹参接续其职务，审慎保守制度精神，毫无修改，主政务在清静无为，让百姓过上安静的好日子。'"

司马迁老先生在最后的评语中也表示：

"百姓在经历秦朝繁苛严酷的政治后，曹参以清静无为与民休息，故天下俱称其美焉！"

下面来给"萧规曹随"这段佳话做个小结吧。

《史记》记载，民间对萧何与曹参大为称赞，称他们为当代难得的贤相，他们真的有这么高的功绩吗？

萧何个性保守，尊崇一切从简的政策，就采取了几点安抚民心的政策，不见得有什么大作用。曹参更是消极无为，成天吃喝玩乐，工作效率相当低，何谈贤相呢？

历史就是这样，有些时候如果只看表面，很容易对人作出错误的评价，政策的颁布和实施要分时机和场合，而曹参是武将出身，太懂得时机的作用，在当时的政治条件下，他所推行的"无为而治"也好，"酒肉之治"也好，是符合当时实际情况的。到了景帝时代，一个大能人就因为在错误的时间推行了正确的政策而丢失了性命，这是后话，暂且不表。

那么，曹参之所以采用这样的策略，有什么深层次的原因吗？

我们从大局观着眼来分析一下那段历史，就明白曹参的高明之处。

老子有言：治大国若烹小鲜。这的确是"萧规曹随"的最好写照。

刘邦的汉皇朝介于周王朝封建制度以及秦皇朝的郡县制度中，严格来讲，确实是前无古人的创造性事业，是没有前例可循的。

萧何通过秦王朝行政一片混乱、濒临崩溃的表象，诊断出秦皇朝帝国确实存在各种问题，这都是过分中央集权造成的恶果，在当时的条件下，不适合实行中央集权制，因为中央集权对于当时来说过于超前了。

因此，萧何将汉王朝的政策一律简化，分权而治，给予各地方相当的自主权，以便他们制定适合当时实际情况的政策。

让一些地方高度自治，两千多年前的萧何就有如此魄力，实在难得。

萧何的各个规划，都非常注重中央与地方的平衡，当年所谓的"郡国制"，其实只是配合现状需要，改掉中央集权的缺点所建立的一种特别的制度。

由于简约，这个制度颇适合动乱不安的时代，适应力非常强。用现代的话来说，就是"一国两制"，现在我们清楚萧何的高明了吧！

但是这套制度刚一实施，刘邦和萧何便相继去世，几个实力强大的异姓诸侯也被刘邦解决了，整个国家还算安稳。

曹参接班后，最重要的任务是要让这套制度发挥好实际的效能。既然萧何已做好了明确的规划，而且已经付诸实施，曹参只要全力保持这股气势，把握这个大局，使制度能让大家慢慢接受、习惯就好。

当日的那场经典对话中，曹参暗示小皇帝刘盈的也正在于此。这才是上面那段对话更深层次的含义。

然而，这个"小鲜"还真是不好"烹"，曹参接班那几年，有另一股力量急速地在谋划着夺权，以扩充自己的势力。这股势力来头还真是不小，当朝的最高领导者吕后就是这股力量的幕后主导。

大家知道维护制度的难度了吧。如果不把守好制度，吕后一党肯定会极力进行破坏。曹参对这个情势的把握是相当准确的。

因此，他采用了"以不变应万变"的策略，他禁止任何改变，完全依萧何规划，确保汉皇朝制度不被吕氏一党破坏。

从政治的发展上看，刘邦在死之前是做了很多准备的，为了防止外人篡权，极力压缩留给外人的权力空间，例如诛杀异姓诸侯王、重文臣轻武将、"非刘姓，不封王"等。吕氏极力想改变刘邦留下的这些限制自己家族发展的政策，这时，曹参的"以不变应万变"的策略就发挥出了巨大的功效，减缓了吕氏篡权夺位的步伐。

政治上最讲究的是利益平衡，倘若曹参随便依照现实需要而变更萧何制定的法制，以吕后为主的吕氏一党便有更多的借口来更改法律了。

你今天改，他明天改，我后天都不知道遵循什么了。

好，谁都不动，大家喝酒吃肉，吕太后也就没有了更改的前例可循，一时也动不得。

政权交接时刻，最忌讳更改法律法规。

用一个比较贴近现实的例子来说，比如某村要建一个农场，终于按照地势、风水、财力、环境、风俗等因素设计好了图纸，辛辛苦苦打好地基建了农场主楼的第一层，建筑队伍的老大突然罢工了，咱们的房子还是得建下去。找另一个人带队吧，建筑队里突然出现了多派势力，每个人都有自己"因地制宜"的想法。

我们是重新来过吗？

如果这样的话，我们遇到了两个大的问题。

一是时间问题，这房子不建成就没有地方住，拆了重建就说明要更久的时间才能安稳下来。

二是资金问题，这个是最关键的，经济是基础啊，没有钱，拿什么给施工队伍买盒饭、矿泉水呢？还有发工钱、交税等一系列费用。

所以，咱没有这个财力，就谨遵原样做下去吧。

大汉王朝如今就是一个尚不稳定的新政权，萧何才把建筑图纸画出来，就罢工了。

一时间，施工队伍出现群龙无首的局面，施工"吕"组、施工"刘"组、施工"功臣"组都出来提意见。外来工曹参接棒总队长后，如何才能够保持住位子？人家都是土生土长有实力的施工班子，尤其是施工"吕"组，他们早就觊觎着整个施工队伍的领导大权。

担任齐国宰相期间的执政经验，使一介武夫曹参参透了极高的洞察世事的智慧。他在做领队的三年内，以"喝酒"、"吃肉"阻止了吕氏一党的夺权阴谋，在表面和平安稳、内部汹涌澎湃的时代，实在称得上出色的掌舵者。

做了政治家的曹参，深知以自己此刻的实力，远远对抗不了吕后苦心经营数十年的"吕党"。

吕后位高权重，党羽众多，最重要的是她的权势，这是她自己一步一个脚印扎扎实实打拼下来的，她不是戚夫人，仅仅依靠一个垂死的刘邦和一个年幼的赵王如意。

仅看当日的吕雉以贵为皇后之身，给帮助自己的儿子维护太子地位的周昌老先生下跪，我们就可以想象吕雉的坚毅；杀韩信、诛彭越、造"人彘"，足见这个女人的决绝。

曹参知道自己现在收拾不了吕氏家族，但是他只要保全刘氏的血脉，保存刘氏的实力，总有一天会有人来收拾吕氏家族，这人是谁呢？

这在当时是一个没有答案的问题。

在当时谁也不知道哪个人能担当起如此重任，因为政治的发展瞬息万变，但是这个人肯定就隐藏在那个时代的某个角落，他一直隐忍着，同时也时刻准备着……

从草原来的一封信

刘邦、萧何都走了，大汉王朝终于在曹参的"酒肉之治"下，保住了表面的安定。

或许大家对这个"表面安定"有点儿不满意，总觉得一片风平浪静下，有一股力量在地下孕育。

但是，在这股力量没有喷发的时候，大家还是先享受一下安定吧。毕竟，表面安定、内部汹涌，总比表面和内部都汹涌来得好些。

稳定暂且实现啦，但汉皇朝的国力却陷入了停滞的状态。

时间问题，贯彻政策需要时间，开荒追肥需要时间，培养劳动力更是需要时间，所以，国力的停滞是无须质疑的，大家先等等吧。

就看大汉能不能在复杂的局面中争取到时间了……

可是，有一个局外人有点等不住了，这个人就是匈奴王冒顿。

刘邦在世的时候，听从刘敬的建议，没敢招惹匈奴，准时派出美女"和亲"。

可是，人这个东西就是那么奇怪，能够轻轻松松满足一个欲望的时候，马上又会有新的欲望滋生。

冒顿就是这样，觉得和亲索然无味了，就给我们刚刚寡居的皇太后写来一封信：

"我是一个孤独寂寞的君王，在沼泽之中出生，成长于平原荒野之地，曾经数次到贵国的边境进行观赏，总是想着有一天能进入中原进行游览观光。皇太后您刚刚死了丈夫，想必正处于孤弱寂寞的阶段，心情也肯定是快乐不起来的，我愿意以我的所有，来换取您所没有的……"

其中心思想就是：吕太后，你嫁给我吧！

吕太后安坐宫中，突然收到这么一封情意绵绵的书信，实在是大为吃惊。你长在荒野做了个强盗关我什么事，数次侵犯我们边疆——今天居然调戏到我头上来了！

是可忍孰不可忍，满脸通红的吕后立马叫来谋臣进行商讨。

吕后的妹夫樊哙和她的关系最亲密了，吕后向来把这个忠实勇武的狗肉贩子当自己人，极力维护着，当作身边的一张得力王牌。

刘邦垂死之时，陈平等接受杀害樊哙的命令，都特意把人带回来交给吕雉，可见陈平等人的计谋真是周全到家，也足可见樊哙与吕雉关系密切。

樊哙一看到冒顿的情书，当即大发雷霆：冒顿你这个蛮夷，不知死活，居然欺负到我们太后头上来啦，一定要给你点颜色看看！樊哙当场表示，愿亲率十万兵马，攻击匈奴，打他个屁滚尿流。但是话音刚落，就有一个人站出来大声呵斥道："樊哙你小子真该斩首！"

此人正是中郎将季布："樊哙你说大话也不怕闪了舌头，居然口出狂言。想当年匈奴国把高祖围困在平城的时候，我们汉兵有三十二万多，樊哙你当时也是军团的将领之一，你本事大得很，怎么就没能解围呢？"

"如今我们军队的创伤都还没有抚平，好多伤员的伤口也都没有痊愈，樊哙你小子没长脑子啊？好了伤疤忘了疼，只想着意气用事，以区区十万兵马去讨伐匈奴，这样没有根据的狂言，肯定会造成天下大乱！况且匈奴人本来就跟禽兽一样，他们的好话不值得我们欢喜，坏话也不值得我们生气，全当玩笑好了！"

这一番分析、痛骂下来，樊哙哪里还有什么面子，随后几个文臣也攻击他的冒失，虽然愤愤不平，但是他天天练刀剑的人哪里讲得过那些天天练嘴皮子的人呢！樊哙仔细想想，也觉得自己确实没有什么必胜的把握，于是只好作罢。

其他的大臣和将领对自己和自己国家的斤两还是心里有数的，深知此时真不是用兵的时候，能够保持国内稳定就谢天谢地了，哪里还能跟那帮禽兽一样的蛮夷去争斗呢？众人于是纷纷向吕太后提出赞同季布的观点。

吕后气归气，但当年的"白登之围"还让她心有余悸，现在她自己当家，还能不清楚自己的实力？

汉朝如今根本就没有实力对匈奴开战，那么些能征善战的老将都归西了，留下这些个将领，老的老，小的小，哪里是他们的对手。

气完了，闹完了，忍下了，信还是要回的，毕竟人家写的可是"国际情书"，再生气，礼仪问题还是要注意的。于是，大汉王朝的太后只好忍辱负重，嘱咐大谒者张释为这封"国际情书"作个回应。

张释被委以重任，还真是又喜庆又庄重，马上发挥自己的文学才华，遵循吕太后的旨意，以颇谦逊的语气委婉地拒绝道：

"我年岁已大，一切以国事为重，是不会在乎孤独寂寞的。并且挑选了两辆豪华马车以及数匹良马，答谢冒顿慰问的好意。"

张释的文化水平还真是高，这信一回，倒使人家冒顿觉得不好意思了。（你看，这就是文化人的水平，写封信就能让骂人的人不好意思起来，这可真不简单。）马上派来使节道歉：

"我冒顿愚昧，实在是因为不懂得你们文明国家的礼仪，对吕太后有所冒犯，还好得到陛下您的谅解，才没有让两国陷入战争，对不起！"

于是献马言和，双方的和亲政策继续得以贯彻，边疆暂时也保持住了和平。

现在我们回头来看看这个历史上著名的"国际调情案"。如果不了解匈奴的风俗，大家还真会误会冒顿的一番好意。

按照冒顿的回信分析，我们先前可能真的误会他了，毕竟两国的文化还真是有差别，他们匈奴有这样一个传统：

老哥死了，妻子就是弟弟的；老爸死了，妻子就是儿子的（亲娘除外）。按照他们这个推理，你吕雉死了丈夫，我冒顿死了老婆，都是孤苦伶仃，结合不是挺好的吗？

况且，我们两个大人物结婚了，两国可以互相往来、互通有无，我们匈奴有良马强兵，你们大汉有能工巧匠，联合起来，这不是很好吗？

唉，这游牧民族还真是实在啊，哪里有那么多的条条款款，可惜你的温柔，咱大汉不懂。

毕竟，数十年以来，你们给我们留下的唯一印象就是——荒蛮粗野。

真情也好，假意也罢，没事就好，天下太平对于大汉比什么姻缘、政策都来得重要。

大汉在平稳中发展着，然而，该发生的事情终究发生了。惠帝五年八月，文武全才的曹参终于不敌顽疾，病逝了。

曹参当宰相这三年，真可谓大汉王朝最危险的三年，还好，在曹参"酒肉之治"方针的指导下，总算有惊无险，平安度过。

大汉王朝的运作日趋安定，短期内吕氏一党也因为曹参的清静、无为之政，没有钻到什么空子、占到什么便宜。

曹参归西了，吕太后便依刘邦早年的遗言，以勇敢正直的王陵为右丞相，以善于出谋划策的陈平为左丞相来辅助王陵，周勃老先生则出任太尉——最高军事长官。

不管这是刘邦有意安排的，还是惊人的巧合，刘邦只将他死后的人事安排到这里，当时吕后还问这些人之后呢？刘邦说的那句话估计了解这段历史的人都知道，"接下来的事，就不是你能操心的了"，还真被刘邦说对了。因为在这些人之前，吕后就死掉了。

更惊人的巧合是，刘邦似乎算到了吕后要谋反，所以在最后一批人事安排中，将那个一直隐藏的人拉了出来，这三个人中，有人在灭吕中起到了关键作用。

这人到底是谁？我们继续往下看。

惠帝六年的时候，留侯张良和樊哙终因老迈，也先后去世了。

对吕后具有制约作用的元老功臣终于一个一个去世了，毕竟都是刘邦时的老臣，年纪也都差不多，没有特别长寿的。

唯独吕雉，是刘邦的晚年娇妻，刘邦三十五六才娶了大家闺秀吕雉，按照当时人们的婚俗习惯，男孩子十六七岁就应该娶妻生子，所以说刘邦真的是个大龄未婚中年人。吕雉比刘邦小十六岁，晚死十六年可以做很多事情与夫君同龄的老臣们都走了，稳定的制度终于可以松动了，吕雉的时代即将到来。

隔年，也就是惠帝七年，少年天子惠帝也快不行了。

自从见识了吕雉的"人彘"事件，惠帝刘盈就大病了一场，病愈后就不理朝政，消极抵抗吕雉的残暴与专权。

他成天在后宫享受声色犬马之娱，企图用自己的慢性自杀来报复亲生母亲吕雉，却不料，自己实在不是块硬料子，撑不起场子，很快就因为健康急速恶化，英年早逝。

我们仁慈礼让的惠帝用自己的生命来对抗母亲的残酷，让白发人送黑发人，就这样离世了，实在是让人无语。

惠帝刘盈曾经在吕雉的坚持下，立张敖（鲁元公主的老公）的女儿为皇后，这个女子虽然是张敖的女儿，但并不是鲁元公主亲生的，估计是别的妾生的，但是按照伦理算，她应该称呼刘盈为舅舅。吕雉为了自己家独揽天下，想出这招也很阴损。

但令吕雉很遗憾的是，这个张皇后可能因为年纪太轻（鲁元公主与刘盈年岁相差不大，她的女儿自然很年幼），没有生孩子，所以据此推算，刘邦的嫡系血亲就到此为止了，往后的事，就是吕雉的事啦。

吕雉，一个多么强大的女子，她送走了两个皇帝：一个是丈夫，一个是儿子。

强悍如刘邦，怀着忐忑和不安，眼睁睁地看着爱妾与爱子即将落入虎口，终于无奈地离去；仁弱如刘盈，眼睁睁地看着刘氏大好江山落入吕氏之手，终究还是壮志未酬早走一步。

但是，吕雉告诉大家，我真正的强大，才刚刚开始。

第三章　吕后的时代

吕后的眼泪

惠帝刘盈去世的时候，吕太后虽然依照礼制在一旁痛哭，但却有点心不在焉，纯粹的干号，哭不出眼泪。

这一现象其实很多人都看到了，但是被张良的小儿子张辟疆看到后，他却起了疑心，于是，一个大事件由此启幕。

这个孩子虽然年龄不大，但是却继承了张良的优良血统，能透过表象看到本质，在政治圈里混，这是一个很重要的本事，但是这种本事也分几个层次，修炼不到位就到处显摆，害人害己；修炼到位的话才能普渡众生。

很显然，张辟疆认为自己能普渡众生，但是从后面的历史事件看，张辟疆虽然继承了张良的骨血，但本事却只学到了点皮毛，经他这么一搞，间接将当时的一个重要人物扳倒了。

他当时为侍中，才 15 岁，也就是如今一个初中毕业生的年纪，却很警觉地发现了这一现象，并立刻告诉右丞相王陵。

我们前面讲了，刘邦留下遗言，曹参之后由王陵继任丞相。而王陵既不是诸侯，也不属于刘邦的班底。

在大汉王朝初期的功臣中，王陵算得上是一位比较独特的人物。

刘邦是如何看上他的呢？当日从项羽手中救出刘邦父亲和夫人吕雉的人就是我们英勇的王陵，这个够重要了吧。

刘邦口上是说，我父亲是你父亲，你杀了你父亲给我碗汤喝，实际上还是非常在意自己老父亲的，但是跟江山比起来，老父亲和夫人的位置靠后了点。

但谁能真的不在意自己的亲生父亲呢？刘邦是无赖，但不是禽兽。

王陵把他们一家子救出来后，深得刘邦和吕雉的尊重。

王陵个性非常耿直，对朋友特别讲义气，平常就喜欢发表见解，而且话特别多，谁都不怕得罪，在朝廷里算得上是个有名的耿直之士。当然，鉴于他的功劳，那时大家都尊称他为血性汉子（有些功劳一次就足以让人记住，像王陵这样，救开国皇帝的亲生父亲和夫人。有些功劳需要不断的建立，才能不被人们忘记，像打仗这种事儿）。

王陵头脑相对陈平要简单得多，而政治又是一个多么复杂的事物啊，今天是方的，说不定明天就变成圆的了。刘邦也深知王陵的耿直，处理政事可能较无经验，而且缺乏应变的智慧，所以特意嘱咐善于智谋的陈平来协助他。

下面，我们接着吕后的哭来讲正题。张辟疆看到吕后干哭不落泪的场面想到了什么呢？

其实他所想到的对自己并没有多大帮助和意义，但是他想帮助另外一个人，这个人就是王陵。他马上找到王陵老丞相，对其表示：

"太后只有孝惠皇帝（惠帝刘盈死后的谥号）这一个儿子，如今孝惠皇帝也英年早逝了，她老人家虽然痛苦，大声哭号却没有眼泪，丞相您知道这是为什么吗？"

对于耍心眼这门学问，王陵确实连初中毕业生的水平都没有，张良的儿子就不同了，15岁时的政治经验比51岁的老江湖都强。

在王陵坦白表示自己确实不知道，还请高人指点之后，张辟疆说："吕后不掉泪是因为儿子死了，孙子又小，如果换了别人做皇帝，自己的地位又将不保，这可能会危及您等大臣和国家的安全呀！"

王陵万万想不到这个太后哭不出眼泪还有这么多学问和名堂在里面，哎呀，张辟疆你真是及时地提醒了我，如此说来，惠帝死了，我们竟成了太后的眼中钉、肉中刺了，都不安全了啊，这可怎么办呢？

"丞相您不如主动向太后请求拜封吕台、吕产、吕禄等为将，负责禁卫军团的南北军，让吕家的人作王侯，掌握兵权，这样吕太后没有了后顾之忧，大家也就安全了！"

真不知道张辟疆的情商是谁培训出来的，一般人只能看出问题，想不出对策，而他不但提出了问题，还想好了对策。

从政治嗅觉上看，这位张辟疆已经学到了他老子的几分本事了，他能很快把握到事情的关键所在，虽然只是几分。

但从史实来看，他只是失败者，一个自作聪明的失败者！

而王陵听了他的分析后，不知是出于对张良的盲目崇拜还是"虎父无犬子"的观念作祟，对张辟疆的提议表示欣然同意，而且还很快跑去和陈平商量。

结果还不错，王陵满意地走出了陈平的府邸。陈平和太尉周勃都同意了。

很令人震惊吧，以陈平的智商，再加上玩了一辈子的阴谋，怎么会看不出连张辟疆都看出来的猫腻儿！

灵堂太后干号事件，满堂文武大臣亲眼见证，自然也会被有心人看在眼里，记在心里，陈平更是有心人中的有心人，摇两下扇子再晃晃脑袋自然会想通其中的关键。

但想通是一回事，说不说又是另一回事！陈平选择了沉默，在沉默中等待……个中滋味令人深思！而当我在最后想明白这段历史时，只想发一句感叹：陈平就是陈平！

陈平看得很远，即使是在当时，他也比大部分人要看得远得多。吕后称制，吕氏大兴已经无法避免，也许庙堂之上有不少人都能看到这一点，这时是搞政治投机最好也是最有利的时机，因此张辟疆这样的人就有了市场，以为自己把握住了历史发展的走向。

而陈平呢？他看到了这一点，但是他更看到了吕氏也必定长存不久的未来。绝代谋士，风采依旧！张辟疆只能算到三步之内的棋，而陈平算到的却是十步之外乃至更多！

看着洋洋得意的张辟疆提出来的计策，陈平心里不禁苦笑道：唉！还是个孩子啊！今日看起来是一记高招儿，可将来吕氏倒台之后呢？也许张辟疆听到这个疑问，会愣道：这怎么可能！可是，陈平什么都没说，是不想说还是不愿说，我们就不得而知了。

让我们先把镜头拉后几年看看这件事情的两位始作俑者：张辟疆和王陵的结局。一个人失去了建功立业的机会，几乎从历史的舞台上消失；另一个人不得不用辞职的方式保住性命。

……

他们最终站错了位置，这在政治圈里是一个很致命的错误。

也许这就是政治吧！

他们互相算计着，但是另外一个人成为受益者，这个人就是吕后，她可以名正言顺地提拔自己的人了。

在政治斗争中，双方互相算计的结果往往是第三方获利，历史上的经验不止一次证明了这个观点。

惠帝在世时，吕太后便命令张皇后领取宫中其他一位妻妾的孩子养着，并杀害了这个孩子的母亲，立这个孩子为太子。

惠帝死后，就由这位太子即皇帝位，我们俗称其为少帝，刘盈死时才21岁，所以太子的年纪可想而知了，小孩子当皇帝，更便于吕太后临朝称制——一举两得。

就在吕后加紧篡权的时候，另一股势力暗流涌动，也开始布网了……

历史上两个惊天大局就此拉开序幕，胜者，走向权力的巅峰，败者丢掉身家性命。

孰胜孰负，就看布局者的智慧了……

王陵的必然结局

随着太后干号事件的起落，两拨人都加快了自己的步伐。

一拨人是要篡权，代表人物吕后。

另一拨人是要保权，代表人物尚不明朗。

两拨人都在布局，吕后一方的布局是轰轰烈烈，势不可当；另一方则是悄无声息，难以察觉。

……

这两拨人把当时的汉朝政局搅成了一个巨大的旋涡，有些人会被甩出场，而有些人会被旋涡吞噬，只有手段高明的人能在这个旋涡里生存下来。

……

吕太后正式称制以后，吕氏一党已经取得了绝对的优势。

有什么办法呢，有权力有谋略的人大多数都已经故去，太后现在是大汉王朝最大的功臣，陈平不是个担得起大事的人，王陵又没什么脑子，周勃这个滑头羽翼尚未丰满，如此看来，似乎没有人能担当起拯救刘家王朝的重任了？事实如何，继续往下看。

吕后开始布置自己的大局，首先，晋封吕氏为王吧，所谓名正，才能言顺也，以便确定刘氏、吕氏共享政权的情势。

但是封王不是闹着玩，因为刘邦曾经杀白马歃血为盟，不允许异姓为王。

因此吕太后得先去探探重要大臣的口风，她去问右丞相王陵，不料却碰了一个硬钉子。

王陵想明白那件事后，决定与吕氏划清界限，强烈地表达了自己的不赞成，笨拙的他没有别的办法，还是搬出了高祖皇帝压阵："高祖皇帝在世时，曾经杀了白马和各位大臣、将领盟誓：'不是姓刘的而称王的人，天下人一起击倒他。'今天太后要晋封诸吕氏，这不是违反了高皇帝的盟约吗？"

这个王陵太不识时务了，吕后很生气。

吕太后虽然非常不高兴，但面对王陵这个木头，她一时还真没有想出什么办法，毕竟人家是自己的恩人，怎么说也是个丞相，这个国家都在他手里运营着，怎么办呢？

先把他晾一边，看看别人的看法吧。

她赶紧又去请教左丞相陈平和太尉周勃，这两个人再不答应我就真的没办法了。

但是没想到的是，吕雉把自己的想法一提出来，陈平和周勃竟然马上表示："高皇帝平定天下时，封刘氏子弟为王，如今太后您称制，封吕氏子弟为王，这也没有什么不可以的啊。"

很反常吧，我也觉得反常，但是当知道整个事件结果的时候就不觉得反常了。

在那时那刻说出这种话的人才能叫做政治家，而王陵只能算作一个不上道的政客。

陈平和周勃还真是识相的人，谁当皇帝就封谁的子弟，天经地义嘛，吕后虽然没有正式称帝，但和当皇帝有区别吗？

答案是没有。

所以她封吕氏子弟为王，从名义上虽然说不过去，但实际上可以操作。所以陈平和周勃答应了。有人欢喜有人愁，王陵很不高兴地责备陈平和周勃："你们两个家伙，太不厚道了。当年我们和高祖皇帝歃血盟誓：'不是刘氏不封王，没有大功不封侯。'你们两个人不是也在现场吗？如今高祖皇帝过世了，太后称制，打算封不姓刘也没有大功劳的吕氏为诸侯王，你们为了讨好太后，居然背弃当日与高祖的盟约，将来死了到九泉之下，你俩有什么脸去见高祖啊？"

对于这块木头，陈平和周勃苦苦解释道："王陵老兄啊，如今太后称制，我们反对到底，肯定会造成内争，危及国家的安全。倘若太后一生气，杀尽了刘氏诸王，这样对刘氏政权不是反而不利吗？"

王陵更生气了，大声呵斥道："你们想就这样妥协吗？"

争执到最后，陈平表态了："如果要守住原则，当朝力争，我们绝对比不上丞相您。但是设法维持国家的安定，运用智谋来保全刘氏后代，可能丞相就不如我们了。"

王陵实在无法与他们进行沟通，他觉得这两个老臣屈服于太后的淫威之下，居然胆敢违背高祖的盟约，实在是不堪为伍。坚持不愿让步的王陵见大势所趋实在对自己不利，于是主动辞去右丞相之位。唉，人心不古啊！

吕太后也没敢得罪王陵，还是给了他一个官职：皇帝太傅。但王陵不愿接受，坚决要求告老还乡，发誓从此以后，再也不过问政事了。

官场哪里容得下王陵这般正义之士，韩信那一介莽夫尚能忍受胯下之辱，而王陵实在不是个当卧底的料，走了也罢，还不知道以后有多少事情是你看不下去的呢。平安告老还乡或许更佳，跟吕后不合，还能混到告老还乡，王陵算是烧高香了。

虽然王陵没有领悟到刘邦安排他当丞相的用意，但是另外两个人却依然坚守在朝堂上，并且卧底当的是有滋有味，还深得吕氏家族的信任。王陵，一个不上道的政客，在政治舞台的最后时刻，领悟到了政治的风险，便找个借口，告老还乡了。

他，被这个政治旋涡甩出局了。

温水煮青蛙

和平年代的政治斗争也是将脑袋别在裤腰带上的营生！它的残酷性和危险性，一点都不亚于在战场上冲锋。

在很多斗争中，失败一方赔上了整个家族的富贵荣华、前途，甚至性命。刑场上刽子手刀下的人头，掉的不比战场上少。

所以，这是个职业，非绝顶聪明者，大智若愚者，慎入。

王陵这个硬骨头辞职后，吕太后便以陈平为右丞相，而升任太后派的领袖人物辟阳侯审食其（传说中吕后的情人）为左丞相。

这两位丞相的分工基本是：政事全由陈平处理，审食其则仍然负责宫中的监管事务，如郎中令。

因为审食其与太后关系好些，经常往来，所以虽是左丞相，反而拥有更大的权力，那些公卿大夫有了什么事情，宁愿暗中跑来找审食其商量，也不去问右丞相陈平。

理由是，问陈平，一时半会儿他哪里做得了主呢，陈平的事情，要等到上朝的时候，禀报了太后之后，再商讨定夺，一来二去，都换季节了，还没出结果；而人家审食其就不同，跑到太后那里一汇报，结论马上就出来，倘若能够让审食其在太后耳边美言几句，那事情就更好办了。

谁都不是省油的灯，能够简单快捷地办好事情，谁管你是通过什么方法解决的？大家都是实在人啊！

陈平我忍，我忍，我忍得辱中辱，方为人上人。

陈平是多么精明的一个人啊，撑不起大场面，还没点度量吗？

他是有大阴谋的主，暂时不屑于和审食其争权争宠，还是以大局为重，尽量避免使王朝陷入内乱。

那边识相地消停，太后这边正好热闹热闹，上党太守任敖曾经是沛县的狱吏，对当时落魄中的吕雉伸出过援手。在太后用人之际，也站出来出点力，于是任敖得到了太后的破格任用，被提升为御史大夫。汉朝时期实行的是三公九卿制：三公制度是指丞相、御史大夫、太尉。担任这三个职务的人共同行使宰相的职权，协助皇帝处理全国的政务，参与中央政府的行政决策，并负责具体的执行。也就是说，御史大夫是个很高的官职，不是通常那种向皇上进个谏言而已。

好了，这下吕雉比较安心了，朝廷的领导队伍——号称三公的丞相、太尉、御史大夫，四人中有两个是吕后自己亲手提拔的亲党，其他两个也公开表示顺从，这个场面是吕雉最乐意看到的。

经过自己如此这般精心的安排与争取，形势终于朝着自己期望的方向越来越明朗地发展起来。于是，吕太后的胆量也更大了，她决心乘此良机建立起吕氏政权。高层似乎搞定了（注意，我用了似乎这个词），下面也得安排点自己的人，特别是各个封国，这样才能让自己的政权更加稳固。

不着急，建立吕氏政权是要有步骤的，而吕雉，向来精于算计。

首先，她追尊她的父亲，就是沛县那个大名鼎鼎的望族长老，临泗侯吕公为宣王，以及已经去世的长兄吕泽为悼武王。

毕竟，死人对大家比较没有压力，吕太后出于自己的孝心或者兄妹之情，封他一个两个，反弹力量是很小的。

吕雉要的就是有吕氏为王的先例，以便为日后晋封吕氏，提供参考，减少阻力。由此可见，吕太后还是相当顾虑诸位功臣的反应的。一步一步来，温水煮青蛙。

封不了吕姓王，不妨找个非吕姓王封一封，只要能破"不姓刘不封王"

的先例就行了。

巧的是，吕太后唯一的女儿——嫁给张敖的鲁元公主也去世了，太后便将鲁元公主的儿子张偃封为鲁王，追谥鲁元公主为鲁元太后。

计划又进了一步，总算有一个非刘氏的王了，同时也是高皇帝的外孙，大家应该不会太反对吧，如此这般，使日后吕氏为王更加顺理成章了。

吕雉还真是一个温水煮青蛙的高人啊！慢慢来，大家习惯了就好了，什么规矩不规矩，还不都是人根据自己的利益与需求而设立的，相机而动嘛，在各自的利益面前，谁去管死去的刘邦怎么想的。到这里，大家就更理解曹参当年的举措是多么的英明。

虽然如此，吕后也没有急于封吕氏家族的人为王，因为她深知政治这潭水深的很，一不小心，就会被淹死。

谨慎的吕后在正式晋封吕氏一党为诸侯王前，仍然做了一系列的事情，她先是立惠帝刘盈的养子刘强为淮阳王，原来的淮阳王刘友则迁徙到赵国，封为赵王，并且将赵国的恒山郡独立出来，封为恒山国，将刘盈的另外一位养子刘不疑封为恒山王。

那时，对于自己没有后代的，收养子也是受到法律和风俗保护的。

这样一来，吕雉对刘氏的后代也算有了个很好的交代，能封的不都封了嘛。这样我也对得起你们刘家人了。

这年年底，吕太后开始了进一步的计划。

吕后虽然大权在握，可是也不能想干什么就干什么，有些事情还是得找个大臣提议，然后装作一无所知的样子，大家在朝堂上作作秀、演演戏，把事先说好的事情按照程序排演一遍，以示合法及慎重。

大谒者张释（代吕雉给冒顿回情书的人）成了办这差事的最好人选，谁让你文章写得好呢？这种忽悠人的事就交给你办吧。事情已经准备到这分上，大臣们也只好就范，共同签署了一份协议，割齐国的济南郡为吕国，并封悼武王吕泽的长子郦侯吕台为吕王。

割齐国的地，就像割齐王的肉，说割就割，由此可见，吕后对当时朝局的控制达到了什么程度。

吕后煞费苦心，这个提议那个提议，还就是太后提议，一句话，咱得对历史和后人有一个交代。

然而不幸得很，这位吕王实在是没有福分，被封不到一年时间，第一位吕氏诸侯王不幸夭折了，实在太对不起太后姑妈了。

吕太后无奈，只好下令由吕台的儿子吕嘉，继任为吕王。

王也封了，下面就来强化一下吕氏与刘氏的关系吧，毕竟天下是刘家人打下的，即使要篡权，也得讲究点策略不是吗？

于是吕雉又封楚王刘交的儿子刘郢客为上邳侯，齐王刘肥的儿子刘章为朱虚侯，并让吕禄将女儿嫁给了刘章，让刘章为宿卫，安置在自己的身边。

不久恒山王刘不疑也去世了，再封刘盈的另一养子襄城侯刘山为恒山王。

吕太后执政的第四个年头，晋封自己的妹妹——也是樊哙的寡妻吕媭为临光侯。

女人也封侯。

人人有奖励，皆大欢喜。

顺"吕"者昌，逆"吕"者亡！

好事后面总跟着坏事，似乎这是一个规律。

先给大家分萝卜，然后就是分大棒！

大家欢喜够了，太后要清理妨碍她布局的障碍了。

吕雉将第一个矛头对准了权力至高无上的小孩子——少帝。

太后给大家发奖励的这几年，少帝也逐渐长大了。有一个熟知少帝家务内情的宦官告密道：其实你并不是惠帝刘盈的儿子，你的生母早就已经被吕太后给杀害了。

这个怂恿者不知是出于义愤还是无心，反正这事让吕后知道后结果是相当的惨烈。事件的起因是，这位少不更事的小皇帝竟然公开表示了自己的愤怒："太后杀了我的母亲，长大后我一定也要杀了她。"

话可以随便说说，但真要做起这事来，恐怕就不像说说那么容易了。

依吕后的个性，怎么可能自己养虎为患，既然你起了歹心，那就不好意思了，她不可能等到小皇帝长大报复她的那天。

吕太后在盛怒之下，将这个可怜的少帝监禁起来，囚禁到哪里最合适呢，一个皇帝，总不能送到普通的牢房里吧，这也太离谱了。

于是，永巷这个高级别的政治监狱再次派上了用场。吕后把少帝关到永巷之后，对外宣称皇上病得特别严重，任何人都不见。

日子久了，小皇帝的病总得有个交代吧，吕太后于是召来群臣商议。太后忧心忡忡地表示："如今皇上一病不起，神经错乱了，恐怕再也不能担当什么事情了，为了大汉王朝的稳定，我们似乎应该找个人来代理一下。"

在吕后时代混久了的人都知道，这肯定是出事了，但是又不知道究竟出了什么事情，具体情况怎么样，为求万全，只好顺从地表示："皇太后为天下万民着想，您的一切作为都是为了大汉的宗庙、社稷能够永久安定，我们没有什么意见，都愿意听从太后差遣。"

既然大家都没有意见，那我就把这个精神病少帝废了吧，废了留着也没用，吕雉一不做二不休，暗中把少帝给灭了。

国不可一日无君，五月，吕太后在群臣的支持下，将恒山王刘山改名刘弘，立为皇帝。因为这时是太后称制，所以元年不必更改，常山王当了皇帝，就以刘盈的养子轵侯刘朝为常山王。

但是政治大局的布置总是会出现点意外，那个对吕雉等人有恩的任敖当御史大夫出事了，并且是大事，没办法，吕太后只好撤了他的官职，让曹参的儿子曹窋当御史大夫。

不久，淮阳王刘强也去世了，于是刘盈的养子壶关侯刘武被立为淮阳王，这些先后封出去的人，说是刘盈的养子，实际上都是吕后的棋子。

一个大局的布置，需要很多人的配合，而吕后家族的人总是先后出事，肆意妄为，吕太后虽有意培养吕氏，但还是以吕氏的形象为重。吕王吕嘉过于嚣张，难以成事，吕后气愤地把他给废了，改封吕台的弟弟、也就是吕嘉的叔叔吕产为吕王。

吕产出山，并且逐渐成为吕氏一党的领导人。

吕太后看着刘肥的儿子刘章平常表现还挺满意的，人也长得高大威猛又帅气，颇讨人喜欢，于是又封刘章的弟弟刘兴为东牟侯，一人得道，鸡犬升天！

同时，刘章入宫当了宿卫。

封了那么多自己人，也得拉拢一下刘家人，不能在政治上把自己给孤立了。

于是，一场拉拢刘家人的政治大幕渐渐拉开！

吕后的政治联姻

吕后这个布局真是费尽心机啊！

"吕刘联姻"的政策十分高明，吕后非常清楚，不管吕家人如何大权在握，毕竟天下是刘邦打下来的，不与刘家人融为一体，吕家人依然只是大臣，而刘家人依然是皇族，这样持续下去，早晚会有人站出来收拾他们吕氏家族。

让吕家人和刘家人联姻，他们的后代也是我们吕家的后代，等这些人的后代掌权的时候，还有谁会提诛杀吕家人的事情呢？

既然有这么好的策略，那就开始执行吧！

可惜人不是麻绳，撮合撮合就能拧到一块儿去，刘氏也不会任你摆布！

不管怎么样，吕后依然极力推行自己的联姻政策。首先是强迫赵王刘友娶了吕氏的宗族女为王后，但是双方没有感情可言，太后让刘友娶，刘友没有办法，你让我娶，我就娶，但是娶回家以后的事情你该不好干涉了。

婚姻可以给你，财富可以给你，地位可以给你……但是感情可不能随便给你！

这是刘友的心声。

刘友对吕姑娘敬而远之，好酒好肉伺候着你，别的事情，你就甭管啦，我爱找谁就找谁！

这个吕姑娘也不是个好惹的主，我姑妈权倾朝野，你竟然冷落我，对别的妃子宠爱有加。这事要往小了说，大不了是家庭矛盾，找个年长的人调和一下也就可以了。但是往大了一说，那就复杂了，你这是不给太后面子，是在抵抗太后的旨意啊，是不是对太后安排的这桩婚姻不满啊？

在封建社会，皇家无家事，鸡毛蒜皮的小事，被这帮政治家一搅和，那就成了国家的大事。

很快"家庭纠纷"爆发。我收拾不了你没有关系，有能收拾你的人。

于是，谗言即刻钻进了吕太后的耳朵："赵王曾经说过，'吕氏怎么能封为诸侯王呢，太后过世后，我们刘氏诸侯必定联合起来攻击她'。"

不管这个话是真的还是假的，反正是捅了马蜂窝了，扎了吕雉的心。

其实吕雉也知道，这些话不光是赵王的心里话，估计不少刘姓诸侯以及大臣将领都是这样想的，只是忌惮自己的权势，不敢公开表明罢了。

但是吕雉最忌讳的就是这点：自己死后刘氏大举反攻。

不行，绝对不行，一定要阻止，现在有我在，吕家势力强大，等我死后也要吕家像现在这样强大。

不能让他们这样想，不，要让他们不敢这样想！

于是，吕太后便召见赵王刘友，然后把他软禁在赵王的宅邸内，不让任何人送食物给他吃，也不让他见任何人。赵王这人可能待下属还不错，赵王手下有些臣子想暗中设法弄点食物进去给赵王，没门，自己反倒被抓起来治罪了。

可怜的刘友，贵为赵王，居然在自己宅邸里被活活饿死了，人言可畏，人言可畏啊。这个夫人娶得真亏本，小命都送了。

死了还不打紧，你居然胆敢放言诛杀吕氏，给你草席裹尸算我客气了，想厚葬，门儿都没有。于是，被活活饿死的赵王被家人以平民之礼简单地葬在长安的某个小土堆里。

这可以算是吕太后继赵王如意事件后，又一次以残酷手段来对付刘氏王族，并采取相当严厉的处罚措施，以此显示吕太后的力量已遥遥领先于诸党派之上，大家要想保住小命，就乖乖听话吧，有福同享有什么不好，反什么反呢，谁当皇帝不一样啊。

又一任赵王死了，于是吕雉将梁王刘恢调任为赵王，再将自家人吕产调为梁王，这下，吕氏的力量已经完全控制住了关中以及中原地区。

吕产如今已经是吕氏集团的主力了，即使封他为梁王，也不可能天天待在梁国，特殊情况特殊对待，吕产就在梁国挂一个名号，还是"辅佐"皇帝重要。

于是吕雉规定，吕产无须到梁国就任，其专职仍然是皇帝太傅。

虽然上个联姻失败，但是在没有更好的办法之前，我们还得接着用这招！

在吕雉的推导下，樊哙与吕嬃所生的女儿，嫁给了营陵侯刘泽。

刘泽在刘氏诸侯中，年纪和辈分都算得上是相当高了，而樊哙又是吕后的得力干将，这又是一桩意义非凡的政治联姻。既然吕雉有心提拔刘泽，那政治投机者正好抓到机会。

张卿向吕太后谏言：应该封刘泽为王。

这就成为一桩成功的政治联姻。

既然有成功先例，那我们继续照着做吧！

一切按照吕雉的计划在进行。

刘友被饿死后，刘恢出场了！

刘恢原来在梁国，被迫迁徙到赵国当了赵王，前两任赵王都死在吕雉手上，刘恢背井离乡来到这个晦气的地方，心里很不痛快，为了防止前两任的悲剧在自己身上重演，他开始培植亲信。

刘恢运气不好，屋漏偏遭连夜雨，当了赵王后，吕太后还对他念念不忘，于是便赐婚给他，让吕产的女儿当他的王妃，这个吕王妃的嫁妆之多可以用车载斗量来形容，更重要的不是这些物品，而是随着吕王妃陪嫁的还有一大批官员。刘恢看到这阵势，目瞪口呆。

自己的亲信都被打入冷宫，王妃的人控制了赵国的大事小情，吕王妃也开始发号施令，指点江山。

刘恢虽然心有不甘，但是对这位颐指气使的王妃还真是不敢招惹，她姑姑是谁啊，权倾天下的吕后！而这位新王妃也颇有吕雉的风范，俨然一位女强人。

刘恢见斗不过，于是就处处回避着，天天与自己的爱妃极尽缠绵，你们冷落我，我也冷落冷落你好了。

或许他本意并非如此，我不到你们那边招惹，你放我一边凉快总该成了吧？

不成！

刘邦的子孙混到这分上，也真够悲惨的！

我能冷落你，但是你不能冷落我，这是我们吕家的规矩！

吕姑娘颇有姑妈的风范，她没有又哭又闹，炉火中烧、寂寞难耐的时候，瞅了个空子，把自己的情敌给毒死了。

这下刘恢真的愤怒了，我大小也是个诸侯王，你们让我娶，我娶了，你们要权力，我给你们了，连宠爱一个妃子都不行，这样的日子还让我怎么过？

刘恢郁郁寡欢，闷闷不乐，爱妃死后仅仅过了四个月，刘恢因悲思过度，于是殉情自杀，追随其爱妃而去。

吕太后听说后，认为刘恢没出息，死了罢了，你胆敢为一个女人而放弃自己的宗庙与责任，实在太不像话了，于是废了他的子嗣，不得继任赵王。

赵王还真是难当啊，连续三任赵王，结果都不得"好死"。

写到这里，大家就奇怪了，这吕氏也太嚣张了吧，刘氏那么多当王的，还有那些个功臣，都去哪里啦？

陈平呢，你不是诡计多端，声称要保护刘家子弟吗？

周勃呢？

另一个局呢？

……

如今禁卫军完全掌握在吕氏的手中，一般人哪里敢造次，既然还没有欺负到自己的头上，我们也不必拼死一搏，暂且隐忍苟存，静观其变，来日方长。

终于还是有一位年轻的刘氏王忍无可忍了，决定给吕氏一次严厉的反击。

国宴上的闹剧

刘家人并非都像刘友、刘恢一样，刘家人的血统里毕竟流着刘邦的血液，肯定能有个像刘邦一样的英雄人物。

刘章就是这个英雄人物。他是齐王刘肥的次子，小伙子二十多岁，正是年轻气盛的年龄，像他爷爷一样英勇神武，深得吕后的喜爱。

但是你喜爱归你喜爱，刘章可不怎么待见这位吕后。

吕后拉拢刘章的手段也是联姻，这是一个成功的联姻，这俩年轻人感情很好，吕后本打算让自家姑娘去当个间谍的，但是关键时候，自己的间谍倒是成了对方的棋子。这是后话。

还是先来看看刘章的愤怒。

一次，宫廷举办宴饮，皇亲国戚、功臣大将等全都到齐了。中国人就是这样，内心再互相憎恶的人，也一样可以坐在一起吃的欢天喜地。于是大家济济一堂，准备吃饭。

来的都是贵族，参加宴席总不能单纯为了吃顿饭吧，这宴席里的猫腻大了去了。

吕太后也想到这点了，大家难得聚一聚，先玩个什么游戏吧，于是便以刘章为酒吏，负责饮宴礼仪及安全。

刘章时刻准备着挑刺，于是乘机对吕后道：

"小臣是武将的后代，我们不如用军法来执行酒宴的礼仪吧，这才有意思！"

这个玩法新鲜，吕太后当场便批准了。看你人又帅，待我家姑娘又好，还这么有创意，我能不答应你吗？好好跟着皇奶奶干，将来自然有你的好处。

酒宴进行中，刘章自告奋勇要吟唱一首《耕田歌》，吕后当然喜不自禁，参加宴会还准备了节目，那就唱吧。

刘章便吟唱道：

深耕概种

立苗欲疏

非其种者

锄而去之

出言不善啊，吕后是个很敏感且心思缜密的女人，"非其种者，锄而去之"，怎么，你们想铲除我们吕氏家族了？对我封吕氏当王不乐意了？

我知道，你们很不满，你们很想造反，你们在看我的反应。

于是出现了下面这一幕：吕后的脸色由红变青，由青变紫，最后回到正常状态，当场一句话也没有多说。所有的人都在等着看戏，让大家失望了，好戏没有上演。人家吕后是谁啊！不妨先睁一只眼闭一只眼，大家喝酒！

刘章啊刘章，你怎么就叫刘章呢？应该叫嚣张才对啊。刘氏和功臣派不免为其大捏了一把汗。

然而，刘章还没有玩够，他马上就做了一件让所有人大惊失色的事。放下话筒就抽出了宝剑，怎么回事？

有一位吕氏官员喝醉了，没有向太后请示，便准备出门离去。

刘章看到了，当即拔出宝剑迅速追过去，在门口就把那个家伙给砍了，并且还取了他的脑袋回来报告太后：

"有一个家伙居然敢逃酒，小臣依照军法把他给杀了。"

这下太后真的要头顶冒烟啦，在座的人们怕是很久没有见过太后尴尬的场面了吧，偏偏给她难堪的是她最欣赏的爱孙。

太后没有发怒，毕竟是太后，毕竟在政治圈里摸爬滚打了这么多年，你想激起政变，没门，今天我们就是吃饭，别的什么都别想干！

大家以为要出事的倒没有出事，冒死斗胆的刘章可不是个莽夫，以后的表现足可见，这个夹缝中求生存的小伙子有心眼的，而且还很多。

那么国宴事件后太后的面子问题谁负责呢？

答案是，没有人负责。

按理说刘章这小子如此不给吕后留颜面，当着她的面，又是唱锄草歌，又是杀吕氏人，吕后即便当面不发作，日后也绝对不会轻饶了他。

可是，岁月不饶人啊，太后也会老，而且此时自己深爱的孙子都如此反感她，这让太后深感刘氏党和功臣党对吕氏的强烈不满，刘章是高祖的孙子，长得那么高大威猛帅气，对我们吕氏女子又是那般温柔体贴，这一点很重要，吕后先前毫不犹豫地斩杀了那些刘氏王，大多因为他们迷恋别的妃子，冷落了吕氏女子，这让吕后当即有感而发，把自己在刘邦处受到的冷落全算在他子孙的头上。而她喜爱这个刘章，很大程度上也是因为他真心敬重他的吕氏老婆，毕竟吕后这半生都没有得到老公的疼惜，自己得不到的，自己的后辈能够得到也是好的可是在政治斗争中始终没能将刘章收买。

刘章的反感犹如釜底抽薪，吕后深深地感受到自己的失败与无奈。要击垮吕后这个无所不能的厉害人物，是难事，也非难事，毕竟人都是有感情的，有感情，也就容易找到这个人的弱点和软肋，吕后如此维护她们吕氏一族，充分说明了她确实是一个有感情的人，也就能找到身上的弱点或软肋。于是，击垮她就不再是一件不可能的事情。

这次受挫后，吕后多次嘱咐吕产他们，以后吕氏的各种行为一定要加以约束。

吕后是个聪明人，她知道个人的力量是轻微的，况且，她年纪也大了，曾经的伤痛携带着回忆常常在深夜侵袭她的思维。

这一路走来，我做了多少事情啊？多少人在我的指挥下做了我意愿中的事情，可是，这个世界上还是有很多事情不是我能够控制得了的。刘邦不能给的安全感，我以为权势可以给，可是，如今为什么我越来越觉得不安全了呢？

刘章却在这件事情中占尽了便宜，吕氏一党开始关注这个一身正气的对手，有些人还开始敬畏这个人物；许多的功臣也特别欣赏刘章的勇武，和他称兄道弟的人自然多了起来；当然最受鼓舞的莫过于刘氏一族，那么多刘氏王被杀、被砍，今天终于有一个自己人站出来说话了，而且还是太后身边的红人，故此刘氏士气大增。因此，我们说刘章的算盘真是打得太精明了，太后没有把他怎么样，自己又成了刘氏家族中的新标杆人物，当真是一举两得。

吕后强烈的不安全感让她陷入了矛盾之中，一方面她很想缓和一下三方之间的矛盾，其实这件事情她一直都在做，但是却没有人领情，即便如刘章，自己给了他多少信赖与期望，但他终究还是想着除掉我们；另一方面，吕氏加紧了夺权的计划，时日已经不多，摊子既然摆开了，已经不可能收拢了，那就沿着既定的方向做最后的拼搏吧！

吕后派遣使者同代王刘恒商议，想把他迁徙到赵国去当王。这个刘恒如今也算是个重要人物了，他是刘邦的第四个儿子，既然老大刘肥、老二刘盈、老三刘如意都去世了，老四刘恒自然就成为刘氏兄弟中的领导者。

刘恒能平安活到今天，因为他也是个有智慧的人。

刘恒为人特别温和、心思缜密，他听到使者的汇报以后，思考良久，终于得出结论：

赵国是个是非之地，历任赵王都被卷入朝廷的政治纠纷，最终不得善终，我还是不去了，留得青山在，不怕没柴烧。

这个决定非常重要，也非常英明，从某种意义上，这个决定让他离开了这个越来越浑浊的政治旋涡。

于是他回答吕雉：

我能力有限，还是不当赵王了，恳请您另找贤明的人才。我已经习惯了边疆的生活，愿意长久地守卫边疆，希望英明的太后您批准。

这挺好，本来还想跟你们刘氏客气一下，没想到你倒自己拒绝了，正合我意。于是，吕后立刻封自己老兄吕释之的儿子吕禄为赵王，并追尊吕释之为赵昭王。

隔月，燕王刘建也去世了，他大夫人没有留下儿子，仅有个妃子生了个庶子，太后立刻派人把那个小家伙给杀害了，顺便把国也废了。

不久，吕后便又封吕台的另一个儿子吕通为燕王，吕通原来那个东平侯的职务，就交给他弟弟吕庄继承。

如此这般一折腾，看着像是一通毫无头绪的分封，实际上每一步，每一个人都是吕后夺权的棋子，太后分封的吕氏诸王和张氏王，力量很快就凌驾于刘氏王之上。当然，吕后苦苦拉扯的吕氏一党也正式成为汉王朝的中流砥柱。

另一个局

吕太后年岁已大，加上一个人顶着巨大的压力，心怀强烈的不安全感，健康状况那是一日不如一日了。所以吕后出来巡视监督大家的频率也逐渐减少起来，许多小事情也开始放权，分配给审食其、陈平、周勃等人去处理。

然而，右丞相陈平对吕氏力量的迅速膨胀也真是疑虑重重，他很害怕，害怕在自己的任内发生剧变，因此常常称病不上朝，以便为这些事情从长计议。

不上朝，不代表不理朝政，这里就要说到另一个局了。这个局没有严谨的布置方案，没有明确的布局人，没有清晰的布局思路……

他们随着另一个局的变化而变化的！

陆贾出场了。

既然右丞相你生病不能上朝了，那我陆贾便以探病为由，来拜访你。陆贾一个人悄悄地前往宰相府，直入大堂后，发现陈平一个人站在那里发呆，他根本没有发现陆贾的到来。

陆贾于是上前开玩笑道：

"有什么事情让宰相如此心神不宁啊？"

陈平很精明，我斗不过吕雉，还怕你不成，既然你都跑上门来了，肯定有话要说，于是答道："您不妨猜猜看？"

陆贾说："您身为右丞相，算得上一人之下，万人之上，做人做到你这个分上，富贵权力一把抓，应该没有什么忧虑才对，所以我猜想您担心的肯定是吕氏家族人的擅权，以及当今皇上的少不更事了。"

陈平坦然表示："先生说对了，只是这事该怎么办才好呢？"

陈平这招叫顺水推舟，再加上个推皮球的手段，你猜到了，说明你有答案，别憋着了，说出来吧！

老狐狸啊老狐狸，吕后再高明，也达不到这样的水平。

陆贾思索了一下，靠近陈平，回答道："天下安定时，执政的主权在丞相手里；天下不安定时，执政的主权在大将手中。丞相您若能与大将协调合作，相信所有的文官都会依附于你们。这样即便天下有变，力量也不会分散——如今为国家安定大计着想，咱们一定要设法夺回南北御林军团的掌握权。"

陈平示意他继续讲下去。

陆贾得到了首肯，来劲了："我曾将这件事，以半开玩笑的态度告诉过太尉周勃，太尉深知我的意思，他立刻转换了话题，顾左右而言他，这表明，其实他也是深知这层道理的呀。"

"丞相为何不与太尉加强联系，建立足够的默契，以便时机来临时，有足够的力量进行对抗或者应变？"

两个智者想到一块去了，陆贾便和陈平商议，如何有效地对付吕氏一党疯狂的夺权计划。

陈平和周勃原本没有什么交情，毕竟两人的性格相差太大，基本上没有什么私人往来。

为了刘氏政权的安稳，陈平于是用陆贾之计，马上派人给周勃送去五百两黄金用以祝寿（到底周勃是不是真作寿我们不得而知，但陈平找个理由表示一下自己的诚意却是千真万确的），并准备了丰盛的酒食，邀请周勃过来畅饮，顺便叙叙旧。

周勃也不是傻子，在事先得到陆贾通知，深知陈平之意的情况下，也立刻给以回报，两人于是结成了紧密同盟，常常商讨如何压制吕氏一党过度擅权的谋略。

当然，结成同盟陆贾功不可没，为感谢陆贾撮合的功劳，陈平的谢礼也不轻：奴婢百人、车马五十乘、钱五百万。暗中馈送，各取所需。

说到这里，回到《刘邦卷》里给大家解释一下，如果说这个局真有布局人的话，那这个人就是刘邦，在刘邦弥留之际，他布下了这个局，而这个局的关键在陈平、周勃等人，他安排陈平等人此时进入权力核心就是为了防止吕氏篡权。

刘邦的高明一直延续了很久，很久！

吕后之死：一只苍狗引起的灵异事件

吕后称制第八年的三月份，吕后专程出门去祭祀，我们前面讲过，吕后是一个有感情的人，她对吕氏一党的极力祖护正说明了这一点。所以，这次祭祀活动的目的很清楚，就是忏悔，以期消灾。

毕竟，一个有着七情六欲的人，做了那么多丧心病狂事情，诛杀了很多无辜的人，即便心理素质再高，也会有难熬的时刻，尤其当自己真切地感受到时光不待人。

这次祭祀活动进行得还比较顺利，没有天气异常，臣民也很配合。然而，在祭祀完回宫的途中，却出事了。

出什么事情啦？

灵异事件。

为何称之为灵异事件？

因为它用现代的科学确实难以解释。

事情的经过是这样的：坐在八抬大轿里，被数百名护卫围绕着的吕后突然一恍惚，发现了一只苍狗，撞了一下她的腋下，立刻就不见了。

吕后当即就感到腋下生疼，到了七月，她的病情日益严重。这个苍狗是什么东西呢？

不知道了吧，我也不知道，即便放在当时，人们也弄不清楚。

那我们就用传说来解释这件事情吧：

苍狗是一种神物，就是冤死人的冤魂凝结成的狗状云雾，在某个天时地利时，恰巧碰到了对头，于是迅速从他身边蹿过去，留下诅咒，报复那个让自己冤死的对头。吕后碰到的这只苍狗，据说就是赵王刘如意所变。

据说，吕后祭祀回宫后，还进行了些迷信活动，毕竟，对于自己不知道的事情，每个人都有着强烈的无助和敬畏。

比如烧点纸钱打发刘如意他们母子的冤魂，或者请师公作法降妖除魔，但是效果甚微。

还有一个版本，说吕后的腋伤起于狮狗的抓咬，最后的死亡也是因为狂犬病发作所致。

这只狮狗是何方神圣就不得而知了，能够在数百武士簇拥中咬伤咱太后的狗，绝非一般品种。

不管是什么原因，具体细节又如何，反正聪明一世的吕后深知，她的大限将至，生命快要走到尽头了。

于是，历史出现了这样一幕：在吕氏家族权势达到最高峰的时候，一个坏消息传来——吕后健康状况急速恶化，一病不起。

公元前 180 年的秋天，吕后病情再度加重。

她自知不久于人世，于是把她最信任的两个侄子，一个是大将军吕禄，一个是相国吕产，招到跟前来，给这两个人交代后事。

吕后不怕死，但是她真的很怕自己死后，有太多的吕氏族人陪葬。聪慧、毒辣的她，自然从来没有把自己的敌人想得有多么仁慈，我如今唯一能做到的，就是让你们握紧兵权。

临死前，吕太后郑重地告诫吕产和吕禄："我晋封吕氏诸侯为王，大臣们的内心有着诸多的不平衡、不服气，我死之后，皇帝又年少，什么事情都是大臣们在做主，我恐怕他们会反对你们，以致发生不测。因此你们两个人记住，一定要牢牢掌握兵权，必要的时候，葬礼就不要参加了，一直到情势稳定为止，千万不要因为忙碌而给他人以可乘之机。一旦兵权落入他人之手，吕氏家族将面临悲惨的命运。"

于是，吕雉又立下遗诏：

吕产为相国，位置在左右丞相之上；

吕禄之女为皇后，左丞相审食其出任皇帝太傅。

吕后之死，刘氏家族、功臣们、吕氏家族等多方势力就立刻展开了惨烈的权力之争。

诛杀吕氏一党是后事，我们还是来给吕后做个小结。

吕雉生于公元前 241 年，老家在山东，因为得罪了当地的权贵，富甲一方的吕公带领一家老小迁居到江苏小城沛县，在一次宴请当地名流豪杰的聚会后，天真烂漫的吕雉被丫环叫到父亲书房，第一次见到了刘邦——一个据说面相异常富贵的大龄单身男人。

这一年吕雉也就十七八岁。

她的母亲强烈反对这门婚事，怎么说我们吕家也是个名门望族，虽然现在搬到这个偏僻的地方，但是县令大人来求婚，你不是都没答应吗？今天反倒便宜这个老小子，可怜我这如花似月的闺女……

吕雉在这个时候，能够做到的就是听父亲的话，放下诗书琴弦，跟随刘邦回到老家。

初嫁给刘邦时，他们一家的生活并不富裕，但是刘邦难得娇妻，倒是温柔体贴照料着，山盟海誓宠爱着。一家人其乐融融地生活，情窦初开的吕雉如同生活在世外桃源里。

甜蜜时光没过多久，刘邦又恢复了秉性，时常会以"应酬"、"公务"等理由四处与朋友们周旋，三天两头难得回家一次。

吕雉遵从父亲的教诲，别看刘邦现在不务正业，其实他命中注定是个做大事的人，我就做个贤内助吧。于是吕雉便亲率子女从事农桑针织，诚心孝顺双方父母，悉心养育一双儿女，过着自食其力的田园生活，处处堪显中国劳动女性的本色。

这是一个后来人无法想象的早年吕雉，当时还流传一个赞扬吕雉贤惠的小故事。

吕雉带领子女在田地里劳动，一个饥渴交迫的老伯前来讨水喝，吕雉赶紧把老伯领回家，喝水后，还分给他一份自己的食物。

那位老伯当场就给吕雉算了一命。

大富贵。当看到那一双儿女时，更是大吃一惊，贵不可言。然后见到刘邦的时候，老伯终于恍然大悟，原来刚刚见到的三位贵人是你的家室，原来他们的富贵都是跟随你的缘故，你必将富贵至极。

以后的事情大家都知道了，与审食其在楚营生死与共19个月；

与戚夫人争宠；

助儿子与刘如意争夺太子位；

助刘邦诛杀异姓诸侯王；

临朝称制；

杀这个杀那个；

封这个封那个……

终于有一天，被一只所谓的苍狗送上了黄泉之路。

写了这么多吕雉的早年生活，只为表明，她生来并不是一个纯粹的坏人，绝对不是。

当然，对于她的百姓来说，她算不上英明神武，但绝对没有祸国殃民。在政治上，吕雉是有历史功绩的。

我们下面来看看吕雉的历史功绩。

楚汉言和的时候，刘邦已经满足了，但是吕雉告诉他，不行，一山不容二虎，不是项羽亡，就是刘邦死。

于是一个大阴谋产生了，言和归乡的楚军还没有回过神来，四面就响起了楚歌。刘邦在吕雉的帮助下，终于战胜了不可一世的、屡战屡胜的楚霸王项羽。

所以，吕雉堪称建国功臣。

建国后，吕雉的功绩也是那些臣子不可比拟的，为大汉王朝巩固天下，吕雉做尽了恶事。

刘邦死后，太后吕雉独立执掌朝政15年，临朝称制八年，减轻百姓负担、矫正社会风气、废除烦琐法令，尤其是废除了万恶的"三族罪"（"三族罪"即一人犯罪，株连三族）和"妖言令"（"妖言令"即哪里有妖言，方圆多少公里以内的人全部处死），让普天下的百姓拍手称快。这两条法令均为秦朝统治者制定的。当时的法令是：一旦制定颁布就开始生效，即便朝代变了，法令仍然有效。因此，太后吕雉宣布废除，堪称很大的历史功绩。

厉害的女人很歹毒，也许那只是对环境的一种适应，她不歹毒，别人就会对她歹毒，如此她自己的生存都会成为问题，哪里还可以建立功勋？

基于此，司马迁的《史记》和班固的《汉书》对吕雉进行了客观而中肯的评价。

太后吕雉当朝的时候，刑法极少使用，犯罪的人极为稀少，人民安居乐业，大家都努力干活，专心发展工农业生产。

对于老百姓来说，天下太平比什么都重要。

因此，即便吕雉没有做一个好妻子，没有当一个好母亲，在后宫里无恶不作，成为刘氏子孙的克星，但对于黎民百姓来说，她是一个好的领导者。

吕雉协助刘邦安定了天下，其后的经济政策使国家得以休养生息，你们上面怎么斗都不要紧，国泰民安即可。

纵观华夏五千年，泱泱大国里找出一个能与吕雉媲美的女人实在很难，她马上的谋略和马下的文治，都无人能望其项背。

第四章　刘氏的兴起

藏着的，都出来吧

　　吕后死了，大汉王朝顿时呈现山雨欲来风满楼的紧张气氛，有点儿政治头脑的人都感觉到了，大家都在谋划同一个问题：动手，联合谁？对抗谁？用什么口号？怎么动手？

　　吕后临终前绞尽脑汁思考的问题，即将呈现在苍茫大地上。

　　这段时间大家都很忙，吕氏家族的人也一样，他们正执刀弄棒，站在自己的果园边，防止别人来抢他们的果实。

　　吕氏家族在吕后的英明安排下，拥兵自保，没有出去送葬。如今吕产和吕禄掌握禁卫军，审食其担任皇帝太傅，文臣武将都有，按理来说是相当安全的。

　　问题就出在关中地区及其周围的驻守部队的将领身上，毕竟，吕氏一党是吕后提拔起来的，双吕并没有什么军功。因此，大多数将领仍然是比较听从周勃和灌婴的指挥，以至于吕氏一党在太后死后，突然没了主心骨，人心向背成了一个决定这件事的关键因素。

　　太后吕雉去世后，赵王吕禄担任上将军，吕王吕产担任相国，吕氏家族进一步把持朝政，吕禄和吕产想对跟随刘邦打天下的老臣和刘氏家族开刀，全面争夺刘氏政权，但又害怕周勃、陈平等一班老臣，一时之间犹豫不决。

　　此时，齐王的弟弟朱虚侯刘章正在京师担任朝廷宫中住宿警卫的职务。刘章的妻子是吕禄的女儿，刘章从妻子那里得知了吕氏家族想要政变的消息，他想要铲除吕氏家族，却因为自己无权无兵而无可奈何。经过一番思考，刘章决定联合其他反对吕氏家族的力量，共同铲除吕氏家族。

刘章派人潜出长安，将朝中吕氏家族阴谋发动政变的消息通知给他的哥哥齐王刘襄（刘肥的长子），建议齐王可兴兵讨伐吕氏家族，自己和弟弟刘兴居在京师为齐王作内应，事成之后，拥立齐王为帝。

齐王刘襄接到密报，马上与他的舅舅驷钧、郎中令祝午、中尉魏勃等人暗中部署发兵。但是事情不是那么容易的，一个反对人物站出来了，此人就是齐国的丞相召平（请注意：此召平非东陵侯召平，仅同名同姓）。

召平为何如此关键？由于依照汉王朝的政治体制，诸侯丞相均属于中央朝廷直接派遣管辖，并统有地方军政大权，通俗地说，丞相就是皇帝派来牵制诸侯的。得不到丞相的支持，诸侯王就很难正式发兵。

关键时刻，怎么就这么多事呢？雄心勃勃的刘襄突然遭到召平的阻拦，哪里甘心示弱，你不同意是吧，老子杀了你。这也不失为一个好办法，快刀斩乱麻。不料刘襄身边也被布置了探子，他要诛杀召平的消息很快就传到召平那里，召平也毫不犹豫，你居然胆敢要杀我？于是召平立刻发动军队包围了王宫。

魏勃得知召平发兵围困了王宫，苦于手中没有军队，无法用武力为齐王解围，便心生一计，前去欺骗召平说："齐王想发兵，但没有朝廷的虎符作为凭证，如今丞相包围王宫，这种做法非常正确，我请求替您统兵围守王宫。"

召平相信了魏勃的话，就让魏勃带兵包围王宫。

魏勃在掌握了兵权之后，却派兵包围了召平的相府。

召平回到屋子里，突然发现自己的府邸围满了自己的军队，终于意识到自己的错误，感叹道："道家曾有警言，'当断不断，反受其乱'应该就是指我的这种错误了。"事已至此，刘襄还能放过自己吗？不可能了，唯有死路一条了，召平自杀。

齐王刘襄铲除召平的势力后，任命驷钧为宰相，魏勃为将军，祝午为内史，出动全国的兵力，讨伐吕氏家族。

齐国的西方是琅邪王刘泽的封国，刘泽在宗室中算得上是亲吕太后派的人物，简单地说就是刘泽是太后的人，他会给我们放行吗？因此刘襄非常担心他会出面阻碍。担心是必要的，那就想个办法将阻碍转移。武力那是绝对不行的，损兵折将的事情，刘襄才不会干，他选择的是，拉人入伙。

刘襄迅速派祝午出使琅邪国，对刘泽表示："吕氏家族如今准备阴谋作乱，齐王想发兵西征以确保刘氏江山安定。但是齐王毕竟年岁还小，对兵革这方面的事情也没有什么经验，大家权衡了一下，愿意以全军听从君王您的指挥，君王您在高祖皇帝的时候就已经是将领了，英明神武、经验丰富，恳请您尽快移驾到我们齐国的京城临淄，共商国家社稷大事。"

一番吹捧下来，刘泽觉得祝午讲得还真是在理，他向来就自认他在刘氏党中的辈分、年纪、经验都是比较高的，于是便在祝午的催促下迅速赶到临淄，和刘襄见面。

兴致勃勃而来的刘泽马上被刘襄好酒好肉地"招待"了起来，并把他当作要挟琅邪国的人质，由祝午统领琅邪国军队，共同参加讨伐吕氏家族的行动。

还有一个版本则说刘泽被软禁了，祝午窃取他的虎符到琅邪国统领军队，一起西征，这个就不作探讨了，反正结果就是，这个阻碍被轻松解决了。

刘泽发现自己被蒙，立刻改变态度，他故意讨好刘襄以求自保。

刘泽对刘襄说："君王您真正算是高皇帝长孙（刘襄的老爹刘肥是刘邦的第一个儿子），的确应该继承皇位，只是大臣将领对这件事还有点分歧，我是刘氏宗室中最为年长的人了，相信由我出面协调，应该是最合适不过了——君王将我留在这儿，其实也没什么用处，不如派我进入关中，先为您打点打点，或许还能够较好地统一刘氏家族以及功臣们的意见呢！"

刘襄觉得他说得在理，便赠了一些车辆给刘泽，让他先行进入关中，同时立即下令出兵攻打吕产的封国济南，诚邀文采飞扬人士撰写出兵檄文，分发给其他的刘氏诸侯，痛诉吕氏家族的"滔天罪行"，希望各诸侯国为勤皇共襄盛举，反正把大家说得义愤填膺就效果最佳了。

不管怎么说，齐王是发兵了，但是他这一发兵，让另一方也加紧了步伐！

齐王出兵的消息很快就传到了相国吕产的耳朵里，怎么办呢？

于是吕产迅速派遣驻军于颍川附近的颍阴侯灌婴前来抵御。不料，遭遇人心向背，灌婴身是吕氏的人，心却在刘氏这里。

灌婴到荥阳后，立马就秘密与军团的各位将领商议说：

"吕氏家族在关中拥有强大的兵权，势必不利于刘氏的政权，倘若我们今天击败了前来征讨的齐军，吕氏家族的声势和实权不是更大了吗？那这个天下就当真姓吕了。"

有了这个想法，还能指望他做出什么事情呢。问题的关键在于，吕产不知道这些自己人究竟是怎么想的，他只管发号施令。

灌婴也不知道下一步究竟做什么好，于是采取了以不变应万变的策略。当然，军队不动，使节在飞快地动。

灌婴驻军荥阳，派人与齐王联络，双方约定互不开战，等候朝中政局的变化。

轰轰烈烈的起义与发兵，突然都静下来等待时机了，谁来创造时机呢？

就等着双吕出现了。

吕产和吕禄如今也比较为难，他们虽然掌握着禁卫军的指挥大权，但军中毕竟没有他们自己的老部下。但是，有一个人具备强大的人际关系网，可以帮助吕产和吕禄，他就是郦商，亲太后派的首席元老将领。

很不巧，郦商此时正在家生病，据说还是卧床养病。这还不要紧，毕竟是将领，既然看中的是你的人际关系，你就利用一下人际关系，生病也可以利用。况且事态如此紧急，已经到了生死存亡的境地，老臣抱病上前线就是最好的动员。问题的关键是，郦商态度不明。吕产他们那里还不敢发动兵变。

天亡吕也！这么多人当着这重要的官职，却发动不了其他的人，太后啊，我们怎么就走到了这个境地呢？

周勃也发动不了其他的人，但他也没闲着，都什么时候了，咱们的军事统帅能闲着吗？但他并没有掌握实际的兵权，他的权力早被吕产和吕禄架空了。但是周勃在军中的人际关系特别厚实，这时候他要做点事情还是可以一呼百应的，也就是说，在地理位置（他在当时的首都）上，还有软实力上，现在的确只有他可以发动夺权，但是有较大的风险。不过有陈平这个智囊在身边就不同了。

陈平想到了一个人，一个病人，一个关键人物——郦商。

结果，这个病人成为这次夺权的关键人物！

我们刚刚提到，吕氏家族最重要的军事将领郦商现在正处于重病中，还态度不明确，那就从他下手吧。

一个重病的老头能够做什么？如何对一个病人下手呢？

我们一步一步来看。首先，郦商的儿子郦寄和吕禄交情非常好；其次，郦寄是个孝子。

这有关系吗？一般人是看不出这其中的关系，但是陈平不是一般人！

周勃和宰相陈平看中了这层关系，于是共同策划，派出少数侍卫部队到郦商家把他给劫持了出来，劫持之后干什么呢？不求官，不要钱，郦寄你听我陈平的，去跟你的好朋友吕禄聊点事情吧。

父亲都被你们带走了，我还能怎样呢？

于是郦寄对他的铁哥们吕禄表示：

"高祖皇帝和吕太后共定天下，刘氏共有九位诸侯王，吕氏则有三位诸侯王，这些都是经由大臣们共同商议，公告于天下后确定下来的，所以一切都是合法合理的——如今太后突然去世，皇帝年纪又小，而你受任为赵王，不赶紧回到赵国去守藩，做你的上将军，却在关中独拥大军，所以才会受到这些诸侯、大臣的疑虑和反感，齐王出兵就是针对你的！"

"我们还是得从长计议。我个人觉得，你不妨将关中的军权归还给太尉，同时请梁王吕产放弃禁卫军的指挥权，与大臣们结成同盟后再返回梁国，这样才能彻底阻止齐国的军事行动。关中若获得安定，你也就可以放心地去做拥地千里的诸侯王了，这才是万世之利啊！"

这话看起来多假呀，那是我们知道了结果，而对于一向缺乏胆识的吕禄来说，这话是说到他心里去了。好兄弟啊，你以为我想闹事呀，如今外有齐军的威胁，内部那个灌婴、周勃看起来也不像善类，备受太后宠爱的刘章早就看不惯我们了，如今则明显成为倒吕的刘氏党领袖人物，我吕禄何德何能啊，实在没有能力应对这种局面。能够安心回到封地，看起来也不错，我没有坐拥天下的野心……

进一步朝着这个方向想下去，吕禄便有心将兵权交还给太尉周勃。

为了谨慎起见，吕禄还是派人将这个计划报告给吕产以及吕氏其他的一些重臣，这下热闹了，有的人认为很好，有的人认为大错，意见分歧特别大，因此根本没有办法作出最后决定。

但两个关键人物：吕禄、吕产已经有了这种想法，于是放松了对禁卫军的掌控。

陈平还真是个阴谋家兼心理学家，且不论郦商真的被劫持了还是早就有心跟着陈平他们，反正几句话就瓦解了敌方的斗志，实在太高明了。

吕禄既然听从了郦寄的劝告，也无心管事了，出外狩猎散心去。中途经过吕媭府，便将吕氏诸元老迟疑不决这回事报告给吕媭。

不想吕媭听了大怒，她心里其实也是深知吕产、吕禄不足为谋，到了这个境地，只得告诉吕禄：

"你身为将领，主动弃军而去，当年太后是怎么教育你的呀，全当成是耳边风了，不成功就是失败，没有其他的路可走，你真是太天真了，他们哪里肯放你回去当山大王？我们吕氏家族碰到你这个没脑子的，还有什么活路啊？"

吕媭当即将自己收集的珠宝全取出来放到厅堂上，嘱咐家人以及亲信人员赶快各自逃离，并表示："我们留着这些也没有什么用处，都拿去散了吧！"

吕家女人的见识与肚量，还真有吕后之遗风，可惜，事已至此，松劲容易鼓劲难啊！

九月，情况越发紧急起来。

相国吕产紧急召见御史大夫曹窋（曹参之子），共同商讨大计。

正好郎中令贾寿出使齐国归来，他紧急向吕产报告，灌婴已经联合齐、楚大军，马上就要反攻长安了。

吕产当时大吃一惊：天哪，灌婴是我的属下啊！于是立刻赶到皇宫召见各位吕氏长老，以求解决的方法。

几乎在同一时间，又有一个"吕产的人"叛变了。这个人就是相国吕产刚刚召见的人：御史大夫曹窋。

曹窋不是曹参的儿子吗？曹参他不是教子有方吗？曹参不是刘邦的人吗？刘邦不是讲过"不姓刘的人当王，天下人可以共同击溃他"吗？反正这次吕产又看错人了，曹窋迅速将他听到的消息告诉了陈平与周勃。

瞧人家这卧底，简直是太有水平了，机密消息得来全不费工夫。

吕氏灭亡

得到曹窋这个密报，周勃认为时机到了，立刻率领他的直属侍卫部队，准备强行进入禁卫军的北军驻营。看人家周勃，要率就率自己的直属部队，这是什么世道啊，敌人与敌人随时可以联合，朋友与朋友之间，随时可以反目，全都因为利益二字啊！

但吕氏家族的人也不是都是扶不起的阿斗，尽管他们接连地犯错误，如今虽然不能进攻，也得做好全面防御，要真是那么容易打进来，你们早就进来了，何待今天？于是，周勃久攻，仍然进不去。

襄平侯纪通（纪信之子）负责管理军队调遣的符节，那个年代，出入军营只认符节不认人。请管理符节的人造个假符节简直就是顺手拈来的事情。于是，周勃很快就拿了张符节，光明正大地进入北军营寨。

同时，周勃立刻命令郦寄和典客刘揭：你们一起去游说吕禄吧。

吕禄便听到郦寄这样的话语："皇帝已经下令让太尉守北军，请立刻归还印信，自动请辞，否则必有祸灾。"

既然都这样说了，人家三番五次地为我着想，我还能怎么样呢？吕禄确定郦寄不会出卖自己，于是便将印信交给了刘揭，放弃北卫兵权，交给周勃指挥。

吕禄走后太尉周勃就来到北卫，要求效忠刘氏的露出左手臂，效忠吕氏的露出右手臂。

卷右边的袖子还是卷左边的呢？将士们你看看我我看看你，纷纷卷起衣袖来。结果全军将士全部卷起了左袖，表示效忠刘氏政权。

周勃由此正式掌握禁卫军团北卫的兵权，人心所向啊。

北军既然已经掌握，下面就看南军了。

如今的南军掌握在吕产的手中。紧急时刻，丞相陈平想到一个人——刘章。怎么把他给忘了呢？刘氏家族的领袖人物。于是陈平马上召见朱虚侯刘章，嘱咐他协助周勃行动。周勃则命令刘章监守军门，并派遣御史大夫曹窋，火速通知宫殿的戍卫部队，千万别让吕产带兵进入宫中。

这时，吕产还不知道吕禄已经放弃军权，独自离去。

吕产计划进入未央宫挟持皇帝，然后由宫中发出命令，让南北禁卫军发动政变。

可是当吕产来到殿门口前却发现，平阳侯曹窋早已指挥戍卫部队将大门紧闭，坚决拒绝吕产和他的队伍进入。

双方在皇宫门口对峙。曹窋怕朱虚侯刘章的兵力有限，难以取胜，于是马上又派人向周勃报告军情。

周勃其实也没有把握一定能压住南军，而且吕氏家族的部队大多都在长安，在敌人的大本营进行战斗，不见得能占到便宜。那怎么办呢？拉下这么大的架势，双方持续对峙，总得有个结果吧。既然我们是来保护皇帝的，那就先进宫去保护皇帝吧。于是，周勃便命令朱虚侯刘章亲自率领部队入宫保护皇帝。

刘章接到命令，火速率领一队人马向皇宫奔去，在未央宫门口就碰到了吕产的队伍，此时已经快到黄昏，事不宜迟，刘章当即下令攻击吕产。吕产等了半天，居然等来了刘章这个死对头。如今前面进不去，后面又来了兵，吕产在前后夹击下，哪里还有心恋战，仓促中急忙逃跑。

一时间只见狂风大作，黄沙飞舞，惊慌失措的吕氏人马立刻乱成一团，刘章等人趁机追杀，吕产只好往郎中府逃命。吕产仓促中躲进了厕所，最终被杀身亡。

外面出了这么大的事情，皇帝哪能不知道，皇帝刘弘得知自己的殿外发生火拼，知道大事不妙，皇帝马上便派使者带着符节出来慰问刘章的部队，刘章想趁机把这个符节给夺下来，使者哪里肯就范，于是双方经过一番较量，刘章最后得到符节，便四处追捕吕氏余党。

负责长乐宫警卫的吕更始在混乱中被刘氏军队抓捕，当场被斩杀。至此，皇宫中吕氏家族的势力已经被彻底消灭。

朱虚侯刘章率领军队向周勃汇报工作，周勃大喜，亲自出来接见，并向刘章表示了自己的恭贺之意。

刘章对周勃说："吕氏家族最令人头痛的是吕产，现在吕产已经被杀，我们这边已经大获全胜，相信天下可以恢复安定了。"

周勃于是下令收回南军的兵权，并继续追捕吕氏余党，无论男女老少，一律处斩。惨烈景象一如吕后当年对付刘氏家族。

准备回去当个小王过个安稳日子的吕禄当然也遭到捕杀。

吕嬃也不例外，遭到笞杀。

燕王被捕，判处斩刑。

亲吕后派的鲁王张偃被废。

审食其虽是吕后的人，还是吕后传说中的情人，但是这个人还不算太坏，或者算得上八面玲珑，反正刘氏和功臣们都没有觉得他很坏，还念其曾数次协调吕后与功臣们之间的危机，仍然恢复了他的左丞相职位。

朱虚侯刘章赴齐国报告了大快人心的诛吕事件，并请齐国撤兵。吕产的梁王位置就送给济川王刘太了。

郦商虽然曾经是吕氏的军队首领，但因为在交战中，他的态度并不明确，倒是他的儿子郦寄，在诛吕事件中成功说服吕禄，可谓建有大功，所以仍然维持他的爵位。郦商在这次事件后不久便去世了，他的儿子郦寄继任为曲周侯。

吕氏灭亡了，在吕后死后的两个月时间里。

吕雉，她的崛起让整个家族获得荣华富贵，她的死去也将整个家族带入了坟墓。当年，她废除了"三族罪"，却没有想到，在她过世后仅仅两个月，全族人员无一幸免。是报应？是轮回？抑或是所有矛盾的集结爆发？这个聪明一世的女子到底还是错了，当她察觉到物极必反的原理时，现实已不给她机会和时间了。晚年时期，她越发没有安全感，因为她已经至高无上。而这个世界就是这样，凡是太追求强大的，常会居于不利地位；而先前好像柔弱的一方，反而容易居于上位。

刘邦逝世后，吕后不但无法容忍那些具有强大威胁性的功臣，连刘氏的诸王也成为她整肃的对象，导致她树敌愈来愈多，这又使她愈来愈觉得不安，只好刻意培植吕氏家族，让他们强大，最后还让吕产、吕禄掌控禁卫军，将所有反对力量完全排除在外。强力而为之的事情，没有实力作后盾，一旦依靠的人物败落，终究会导致灭绝。然而，恶性循环一开始就没法回头，而这个结果就是，一旦跌倒，所有的人都会过来踩一脚。

吕后临死的那一刻，她的恐惧达到顶点，她甚至要求吕产、吕禄不要参加葬礼，以免敌方趁机作乱。自惠帝刘盈即位开始，吕后掌权达15 年之久，但她势力愈强安全感愈弱。她越是坚强，越没有生命力。

历史上的两个惊天大局，以吕氏家族的覆灭和刘氏家族的兴起而画上了句号！

在这场政治旋涡中，吕氏家族几乎全军覆灭，而深藏在吕氏族人身边的陈平和周勃则是另外一种结果，他们除了帮助刘邦打天下，还帮助刘邦的子孙夺天下，功劳之大，无人能及！

在这场巨大的政治旋涡中，还隐藏了另外一个人，这个人一直在观察着这场斗争，但是却不愿意参与这场斗争……

命中注定

冲在最前面的，往往会成为垮台最快的，如吕氏家族；隐藏最深的，很可能成为最后的赢家，如刘恒。

刘恒，一个之前只写了封推辞书的人，在不经意间被推到了历史舞台的最前端，接起了刘邦的权力大棒，把汉王朝建设得日益强大。

政治就是忍耐，是等待，在忍耐中成长，在等待中蓄力。直到一个机会来临，有足够的力量去接住从天而降的"馅饼"。

吕氏灭亡了，大家都是功臣，大家怎么来分赏呢？

灌婴在荥阳时，听说魏勃怂恿齐王起兵叛乱，于是派遣使者召见魏勃，责问他："这么重大的事情，都不通知我，你太不把我放在眼里了。"

魏勃辩解说："当时情势太危急了，就如同一个失火之家，十万火急，当然是救火要紧，哪有时间先通知您呀！"

因为宰相召平已经被杀，灌婴表示应该追究齐国出兵的原因，是否有叛国的因素。

魏勃一听叛国，立刻退到一旁，两脚不停地颤抖，叛国，这可不是说着玩的呀。心惊胆战的魏勃一时根本无法有力地为自己辩护。

灌婴看到他这个德行，对着左右随从大笑道："听人说魏勃不仅勇猛，还非常负责，敢作敢为，今天看到他本人，实在名不副实呀，平平凡凡一介莽夫而已。"于是下令罢免了他的官职，让他回家赋闲。

灌婴于是罢兵，班师回朝。

以陈平和周勃为主的功臣们，已经完全控制住关中的情势。接下来该商讨如何重建刘氏政权的大计了。

陈平首先说："少帝、梁王、淮阳王以及当今皇上常山王，其实都不是孝惠帝真正的儿子，而是吕后以奸计诈取他人的儿子，杀害其母亲后，假装是孝惠的儿子养在后宫，用来做继承人或者立为诸侯王，他们存在的目的只有一个：强化吕氏的控制力。如今我们诛灭了吕氏，而这些吕氏制造和扶持的假后代长大后，肯定会向我们报复，到时将造成朝廷的混乱，我个人觉得，我们应该借此良机，彻底解决这些问题，以绝后患。"陈平到底是一个使用阴谋的人，他深知斩草除根的重要。

当然，其他大臣们对此也没有什么意见，腥风血雨里走出来的他们，都深知斗争是怎么回事，成王败寇，从来就是这样。然而，一个问题出现了，既然要把吕后拥立的皇帝推下去，那么我们应该拥立什么样的人来继任皇帝呢？

由一帮大臣选皇帝，可不比皇帝挑大臣，弄不好，会国家动荡。

陈平又说："我们不如从高祖皇帝的子孙，也就是现任的诸侯王中，挑选一位最年长又贤能的人出来当皇帝。"相信此刻陈平丞相早就选定人了，只是不便说，先让大家选选。

下面民主选举开始。

朱虚侯刘章这个派系的大臣推出代表，主张拥立刘邦的长孙，也就是齐王刘襄。

这个建议一提出，马上遭到一个人的反对。原本先入关中，替刘襄打点的刘氏元老琅邪王刘泽当然不干了，他特别痛恨刘襄，居然把他骗出去软禁起来，当时是因为没有办法才归附于你，今天我终于有翻身的机会了，一定不轻饶你。但是要反对，必须要选一个好理由才行，最好是让大家无法辩驳的理由，可是又不能让人看出我是公报私仇，怎么办？怎么办？刘襄是高祖的长孙，辈分高，名声也不坏，怎么打倒他呢？思来想去，一心不想让刘襄飞黄腾达的刘泽突然灵光一闪，抓住了刘襄一个致命的弱点：他妻子的问题。

妻子的问题竟然成了一个人当皇帝的障碍，怎么回事？

刘泽义正词严地向群臣表示："吕氏之乱完全就是因为外戚做恶，几乎毁了咱们这个大汉皇朝，差一点儿让江山改了姓氏，危及我们的宗庙，同时也使得我们这些功臣人人自危，这种情况绝不能再发生了——

如今齐王的舅父驷钧也以擅权勇猛而驰名，他们一旦当权，肯定比吕氏家族更为可怕，倘若立齐王为皇帝，吕氏乱政的悲剧肯定会重演！"

陈平对驷钧那点儿破事早有耳闻，刘泽这么一说，还真是让他吓出了一身冷汗，于是便也加入坚决反对的行列里。

接着大家讨论剩下来的诸侯王中谁最为合适。

有人提出了代王刘恒，就是刘邦的第四个儿子，他的母亲薄姬，出身低，薄氏一族也非常谦恭简朴，这下起码不会出外戚乱政的事情了吧。谁当皇帝不要紧，只要不闹事就成。

于是中国历史上出现了这样一场独具一格的皇帝选举，选皇帝不着急，先看他的妻子，他妻子怎么样也不要紧，最关键的是她妻子娘家的实力。于是"皇帝选举"成了"最弱外戚选举"，谁家的外戚最弱，谁就当选为皇帝。这样是否民主？这样是否公平？无关紧要，大家都往一处想就好了。这算是吕雉留下的后遗症吧。一朝被蛇咬，十年怕井绳。

当然，调查完候选者的妻子和外戚之后，还是要考量考量这个候选者的个人能力和人品。

在刘邦所有的儿子中，刘恒最为稳重。由于他的母亲薄姬出身低，因此对儿子管教非常用心，基本上是用的勤劳老百姓的那一套：勤俭节约、谦恭礼让。因此，刘恒虽然是皇族，待人却恭谨谦让，生活俭朴，一点儿骄奢之气都没有。况且代国位于北方，又与匈奴是邻界，必须随时保持警戒。其实前线也没有什么可享受的，身为领导者的刘恒比常人更能吃苦耐劳。

在刘邦的直系血亲中，刘恒的辈分比较高，年纪也比较长，最重要的是他素来就有仁孝宽厚的名声。当年刘邦病重御驾亲征的时候，他的儿子都去给他送行，几个人都异口同声地祝愿父皇旗开得胜，凯旋而归。只有刘恒，未曾说话泪先流，只期望病重的父皇平安归来，当时刘邦非常感动，真不是一般言语能够表达。所以刘邦归来后，常常对人谈起：所有的人都期待我这个老头子打胜仗，只有我的恒儿，真正给予了我最朴实的关怀，知道父皇重病在身，只期望我平安就好。然后吕雉想给刘恒封个赵王，他也委婉地推辞了，忠诚老实、毫无野心。由此可见，不论在血亲排行方面还是德行方面，刘恒都是最合适的人选了。

朱虚侯刘章虽然颇为失望，但是他也知道自己年纪太轻，虽然在这次诛吕事件中立了大功，但是在这么多长辈的注视下，也不敢有太强悍的表现，吕氏的前车之鉴他不能忘记。如今刘恒当皇帝是大势所趋，他只好放弃了对兄长刘襄的支持，也表示同意拥立刘恒为皇帝。

大家最终达成共识：拥立代王刘恒。刘恒的妻子不强悍，外戚也不强悍，个人又无野心，很适合！

不过，吕后拥立的刘弘，现在名义上仍然是皇帝，所以拥立刘恒当皇帝这件事只能在暗中进行，大家一商议，决定由陈平和周勃联名，派遣使者赶赴代国与刘恒进行沟通。

诸吕终于被平定了，这在刘恒的意料之中，为了这次战争，他还筹集了不少粮草。天下太平就好。

吕氏家族被消灭了，刘恒以为没自己什么事了，终于可以过几天安稳的日子了，孰不知危险已经向他靠近了。

是"馅饼"还是"陷阱"

一天，刘恒在自家花园里散步，突然门卫冲进来告诉他：外面来了天子的仪仗。刘恒非常奇怪，因为据他所知，现在天下不是正在争夺天子的宝座吗？哪里来的天子仪仗，难道又有谁被册立了吗？但是就算是册立了新君，也不需要到我这个小小的代国来巡幸啊。

满腹狐疑的刘恒，快步走到了自己简陋王府的正门。原来，这是朝中大臣的秘密行动，他们要拥立刘恒做天子。

天哪，这是怎么回事？

刘恒自己都不敢相信，这会不会是陷阱呢？

刘恒赶紧安顿了使者们，找了一个借口，马上跑回后堂，他起了疑心，他的属臣们也意见不同，有的认为是一个阴谋，有的则分析觉得不会假。

历史原来这么有趣 · 汉朝卷——后刘邦时代

大家一番思考过后，郎中令张武发言了："我们大汉王朝的大臣，都是高祖皇帝时的大将，熟悉兵事，也非常善于使用诈术，他们一个一个虎视眈眈，都有争夺天下的野心，只是因为畏惧高祖皇帝和吕后的威严与权势，才肯暂时委屈当臣属的。"

"如今他们诛灭了吕氏，敢于在皇宫发动流血政变，他们的强悍可想而知。所以我个人认为，他们这次拥立大王的举动，还真没有那么简单，他们将皇位轻易就拱手相让，实在是令人难以相信。我建议君王您不妨告诉他们，你现在正病重，不能去，我们还是静观其变，天底下哪里有这等好事呀？"

这话说到刘恒心里去了，他们一个个位高权重，怎么会把皇帝之位拱手让给我呢？其他一些大臣也深刻地分析了这些个谋臣的"优秀"事迹与"良好"心理，最后得出结论：我们还是谨慎推辞为妙。

此时，一位影响中国历史的人物出场了，他就是宋昌。

在一片反对声中，中尉宋昌经过良久思考，终于提出异议，大声辩驳道："大家的意见我不同意。我认为如今刘氏的政权已经稳定了，朝廷大臣有可能拥立大王为皇帝，其理由如下。

第一，诚如大家所言，秦王朝灭亡后，诸侯、豪杰并起，每个人都有争夺天下的权力，但是纠缠到最后，刘氏得到了天子的位置，这是天命，其他人想必早已绝望了。

第二，高皇帝将自己的子弟封为诸侯王，让大家彼此依附，就像是相当坚实的磐石，不是那么容易移动，天下也早已在汉王室的强大威严下臣服了。

第三，汉皇朝建国后，几乎全部废除了秦朝的苛捐杂税，法令简约，对于百姓可谓是广施仁义与恩惠，以至大汉百姓人人自安，凝聚了强大的向心力，这种向心力也已经是难以动摇了。

吕媭以太后的权威，晋封了三个吕姓诸侯王，吕氏家族擅权专制，他们的力量曾经是何等庞大。但是太尉周勃势单力薄，一个人持符深入到北军队伍中，登高一呼，将士们无不卷起左袖表示忠于刘氏，最终得以诛除吕氏家族的叛乱，这些都是天命，不是人力能够做到的。"

宋昌先生还真是有备而来，条分缕析、观点鲜明。巩固完他的天命说之后，还必须来点儿时事分析，这个似乎更具有说服力。

宋昌说："如今大臣们即便各心怀鬼胎，想有所变化，百姓也不一定会听从他们。最主要的是，如今大臣们内部的意见与利害难以平衡，他们不和，就是我们的优势，他们的利益难以平衡，无法达成共识，就不足以形成压制我们刘氏政权的力量。"

然后宋昌又分析了一下刘氏的力量："目前，刘氏皇族在京城内部的有朱虚侯、东牟侯，在全国各地又有吴国、楚国、淮阳、琅邪、齐国以及我们代国等诸侯王，力量绝非功臣可以比拟——况且高祖皇帝仅存的儿子中，只剩下大王和淮南王而已。大王您年长，圣贤仁孝之名广布天下，所以大臣们为了稳定天下大众之心，才拥立大王您啊！"

但刘恒还是不放心，他还真是没有这个野心，这么大的国家，那么多的功臣老将，他们岂是好惹的。于是便综合了一下双方的意见，去向他娘薄姬报告。薄姬也特别谨慎，向来不与人争不与人闹只求平安的她，一时也没有了主意。这一去，是飞黄腾达，还是死无葬身之地，听天由命吧。于是，刘恒决定用占卜来决定凶吉。

占卜结果：大横之兆。占卜师告诉刘恒："这个'大横庚庚'，就是说你要当天王。"

刘恒疑惑道："我现在不就是王了吗？还有什么王？"占卜者答："这里所谓的天王，可是天子呀。"

老天有意，老天爷要我当天子吗？刘恒马上派遣了他的舅舅薄昭去见周勃他们，了解一下他们的真正意图。

周勃等热情接待了薄昭，再三对刘恒他舅舅表示，绝对是诚心诚意为了汉皇朝政权和天下的安定而拥立刘恒当皇帝的。

薄昭仔细分析了他们的理由，觉得确实合情合理，于是回报刘恒道："我看大臣们真是诚心诚意，你就不用怀疑了。"

刘恒听了舅舅的回报，终于安下心来，他笑着对宋昌说："果然如同先生您所分析的！我决定了，当皇帝，继任我们刘氏大统。"于是刘恒派宋昌主持参乘，并由张武等6人乘传，一起奔赴都城长安。

刘恒的队伍到了高陵附近，他还是有点担心，于是下令暂时在这里驻营，并派宋昌先往长安通知，去看看各位大臣的反应。

宋昌到达渭桥时，看到丞相陈平率所有的官员在那里等待迎接，于是马上回报刘恒。

刘恒便下令全队往渭桥驰进，满朝文武跪拜恭迎刘恒，刘恒也立刻下车答拜。

这时，周勃突然独自来到刘恒的身旁，小声说道："我们不妨私下里先聊聊！"

不想站在刘恒旁边的宋昌，当场表示拒绝："如果要谈公事，您现在就说吧，如果要谈私事，王者是没有私事的！"

周勃听到这样的话，马上明白了对方的强硬态度以及自己的处境，既然是自己拥立的皇帝，当然要带头尊重他了。此时他不便多言，立刻跪下，献上皇帝的玉玺、印章以及符节。

刘恒则不同，他马上辞谢道："不急不急，我们还是先到代王官邸再商议吧！"

群臣跟随刘恒进入代王官邸。丞相陈平一行人等再拜道：

"现任皇帝刘弘并不是孝惠帝的亲生儿子，所以无权供奉刘氏的宗庙。大王您是高祖皇帝的儿子，理当继任为大王，臣等恳请大王您立刻登基！"

刘恒依照礼节，向西面谦让了三次，向南面谦让了三次，终于在群臣的强烈拥护下，登天子位。

皇帝人选确定了，接下来该举行正式进入皇宫的活动了。但问题又出来了，刘弘现在不是还在皇宫住着吗？他什么事情也没法管到，也没有人跟他请示什么，这名号还在呀。

所以，刘恒进宫之前，必须把宫殿清理干净。

东牟侯刘兴居说："大家诛杀吕氏的时候，主要由老兄朱虚侯负责，我并没建有任何功劳，请把'清宫'的事交给我吧！"

刘氏有刘兴居出面，咱功臣派也得派个人去，于是刘氏代表人物刘兴居和功臣派代表人物夏侯婴带领一伙人入宫了，执行"清宫"任务。

太后死后这两三个月以来，刘弘总是提心吊胆。

刘弘见大队人马进入，惊恐地问道："你们想干什么？"

刘兴居义正词严地回答："你刘弘根本就不是高祖皇帝的血亲，不能为天子。"于是下令保护皇帝的卫队在交出兵器后离去。

夏侯婴早准备了车马打算送刘弘出宫。

刘弘问道："你们打算如何安置我呢？"

夏侯婴回答："出宫自然会安排给你居住的地方"

刘恒终于进入未央宫。当夜，便拜宋昌为宿卫将军，统领南北禁卫军，并以张武为郎中令，负责宫殿中的行政工作。

工作分配下去了，负责的官员也分别依法令行事，诛杀了吕后制造的假皇族梁王、淮阳王、常山王以及假皇帝刘弘等人。

刘恒进入未央宫当晚，便坐于未央宫前殿，举行朝仪，大赦天下。

汉皇朝终于再归太平。

一个旧时代的结束，预示着一个新时代的开始！

被皇帝遗忘的女人

刘氏江山再归太平之时，我们还得来重点谈谈薄姬，就是刘恒的母亲。因为她是这场最弱外戚选举中的获胜者，她不仅辛辛苦苦把刘恒养大，还是将刘恒推上皇位的重要因素。

说起来，在男尊女卑的封建社会里，生育一个天子该是一个女人的最高成就了吧？照此推理，薄姬，这个大汉开国皇帝刘邦排行第三的夫人生育了一个天子，她生育的这个天子还是中国历史上大名鼎鼎的汉文帝。

基于此，他也算得上是一个很有成就的女人了吧，这个女人的丈夫是皇帝，生个天子是理所当然的呀，不然，薄氏女子之所以能够如此有成就，跟她年轻那会儿被自己的丈夫刘邦遗忘是分不开的，算得上是一个因祸得福的典型。

说起薄姬的身世，版本比较多，我们一个一个来看。

首先得说薄姬的父亲，薄姬的父亲薄老爹是先秦的公职人员，其实也算不上高官，只是一个护军校尉，主要工作就是负责护卫先秦魏国宗室成员的一个校尉。说得简单明白点，薄老爹就是秦始皇他们家派出去的一个卧底。

此话怎么讲呢？

秦朝自建立以后，国家变得幅员辽阔，秦始皇为了防备有人造反，不仅把天下的兵器集中到咸阳，那些六国的宗室也全部被叫到了咸阳。当然，他们没有造反的时候，秦始皇也不会亏待大家，这些前诸侯宗室的待遇很高，他们几乎被赐予了与嬴姓宗室相同的待遇。这个魏国宗室就是这样受到优待的一个前六国的宗室。

薄老爹就带着特殊的使命被秦朝廷派给魏国宗室做校尉，薄老爹那会儿还是个年青人，人长得帅，军服一穿，战马一骑，英姿飒爽。温饱问题解决之后，他的下一个目标是一个美丽的少妇：魏宗室小王爷的爱妃。

这个小王爷的爱妃被这个威武高大的校尉吸引，一来一往，就生下了薄姬。在薄姬之前，魏宗室的小王爷爱妃已经和这个小王爷生下一个叫魏豹的儿子，就是薄姬的同母异父哥哥。

话说这个魏王的宗室在陈胜吴广起义的感召下，也揭竿而起，成为秦末诸侯中的一支。这个揭竿而起的人就是魏宗室小王爷的儿子魏豹。辗转中，魏豹也知道那个被叫做薄姬的人其实是自己的妹妹，为了不让自己如花似玉的妹妹流落在民间，于是，他把这个薄姬带在身边。这时候，薄老爹的历史任务基本完成，培养薄姬的任务落在魏豹哥哥身上。

那时候，人们都很迷信，刘邦造反的时候不是就传出许多传说吗，赤帝之子，又是带着祥云隐居，大家还都相信，所以这个魏豹也不例外。在自己成为魏王后不久，这个笃信天命的魏家王爷便找来一个被人赞誉为神人的算命先生来算卦，预测一下大家起事的趋向与结果。

毕竟，一个秦朝王爷原本的生活还是富足的，不像刘邦那帮饥民，因为实在是没有饭吃才造反。但王爷起事，还是要预算一下起事成本的，鉴于情势复杂，自己也测不准，只得求助于先知先觉的神人了。

估计那会儿魏豹的起事工作也确实比较棘手，不知道下一步如何抉择才好。就像如今，很多人遇到自己解释不了，难以接受的事务便占卜。

奇怪的事情发生了，那个算命先生来到魏豹府上，还没有看见魏豹，就先给迎面而来的薄姬跪下了，还口口声声称薄姬为娘娘。这时的薄姬还只是一个黄花闺女，正待字闺中，哪里经得起这个礼数。

魏豹也对这个算命先生的话很好奇。紧接着，这个算命先生滔滔不绝说道："你们家的小姐现在的确是没有出阁，但是在不久的将来她却一定会遇上一个真命天子，虽然她没有皇后的命运，却是有皇太后的命运。所以，小人提前给您道喜了。"

魏豹本来是想给自己算算，预测一下自己可不可以当上皇帝。现在好了，不用算了，妹妹可以遇到真命天子，那我这个做哥哥的，肯定就当不上皇帝了，失望之余还是深感安慰。

妹妹还有做太后的命运，那我们家的富贵也是有所期待！那么究竟谁是真命天子呢？

很快，秦朝就分崩离析了。而魏豹还在考查究竟是项羽有天子之命，还是刘邦是真命天子，他们俩到底谁更有天子之相呢？

战乱时期，要分出个究竟，魏豹实在为难。他一心想着寻找真命天子，确定谁是未来的天子，魏豹不仅要把妹妹送过去，还要把自己也给陪嫁过去做小舅子。

后来，刘邦在咸阳发起了诸侯大会，魏豹当然不能错过这个考查的机会，立马去参加了。

说起来，这个魏豹还是有点能耐的，因为表现突出，深受刘邦的器重。紧接着，刘邦率领着六十万大军雄赳赳气昂昂进攻项羽的老巢。此时此刻，魏豹当然是喜不自禁，在心里就认定了这个刘邦定是未来的皇帝，自己不仅可以依靠妹妹成为名义上的皇帝外戚，还能够建立军功，成为实力强大的国舅，做妹妹的坚实后盾。

然而，事态发展很不顺利，拥兵 60 万大军的刘邦却在睢水大战中败给了只带了 3 万铁骑的项羽。60 万人打 3 万人，也就是说 20 个人围殴 1 个人，谁输谁赢，实在没有什么悬念，然而，奇迹还是被项羽创造了，这一战，诸侯的元气大伤。更严重的是，被魏豹视为异宝的薄姬也在战乱中下落不明了。其实刘邦败了也就败了，他败了就是敌方赢了，那我魏豹可以投降敌人，妹妹做项羽的皇妃不是也挺好吗？反正我就是冲着这个国舅的位置去的，谁做皇帝我不管，但这下妹妹却都失散了，怎么办？

担忧了一段时间，还是没有妹妹的消息。

没有消息或许就是最好的消息。

前面说魏豹是非常迷信的，既然说妹妹有当皇太后的命，估计性命肯定是没有问题的，贵人自有天助。问题是我自己，必须作好当国舅爷的准备才好。

现在的魏豹倒是已经否定了他先前的想法，他现在觉得项羽才是真命天子了。项羽要不是真命天子，怎么可以只用区区 3 万人马就轻易战胜拥有 60 万大军的刘邦呢？天意呀，天意难违！尽管魏豹作为进身之阶的妹妹薄姬如今不知道身归何处，魏豹自己还是立即对项羽表示了忠诚。

很快，魏豹又成为项羽帐下的魏王了。

但是有另外一个版本说魏豹与薄姬是夫妻关系，就是说薄姬是魏豹的妻子，薄姬既然做了魏豹的老婆，怎么还可以面见皇帝刘邦，最终担当起皇太后的重任呢？估计是汉朝时候，封建礼教还不是很森严，寡妇也好，离婚者也罢，只要皇帝喜欢，都有机会被接进宫中生子。譬如武帝时候的卓文君，她见到情种司马相如时，也是刚刚死了丈夫，回到娘家，被司马大才子荣幸地求到了，并没有介意她结过婚、死过丈夫。

不过这种说法没有什么依据。

重点说说我们的薄姬吧，她在楚汉战争中的故事有几个版本，第一个版本是这样的。

话说薄姬一路逃难，结果在刚刚趟过睢水之后就累得实在是走不动了。幸好，在不远处，她发现了一处可以容身的处所，大喜。没有想到这还是个颇为整洁的农家院落。院落里鸡鸭虽然乱蹦，猪儿却仍然安静地在栏里睡着，就是不见这个院落的主人。估计是这段时间的战争把这个院落的主人给吓跑了。

薄姬也没有什么好挑剔的，能找到个安身之所，总比四处流浪好，战乱时代，一个流浪的美女，保不准就被算计了，所以她打算先住下来，再想办法联系魏豹哥哥。

洗脸的时候，薄姬发觉自己的衣饰的确是太过于招摇了，这不行，这是危难时期，最好还是低调些，于是她就在这家人女儿的闺阁里翻出一套她认为颇为朴素的衣服套上。行头准备好后，马上想动手给自己弄点儿饭吃。于是，就去找水井提水。很快，薄姬就活脱脱成为一个乡下的村姑。这些经历深刻影响了她的人生，比如低调、勤勉、随遇而安。

有一天，就在薄姬去提水的时候，一个风尘满面的人跌跌撞撞地跑进了这个小院落。薄姬一看，大吃一惊，此人她见过，她在跟随哥哥魏豹的时候，曾在帐幕后见到过这个人。

这个人就是汉王刘邦。

此时此刻，薄姬求生的欲望特别强烈，她很快就冷静了下来，自然也没有说破刘邦的身份，她迅速地把水烧好，煮好了饭菜。在刘邦狼吞虎咽的时候，她把洗澡水也给刘邦预备好了。

不巧，正在刘邦洗澡的时候，项羽的追兵也进入了这个院落。所幸，机警的薄姬早已把刘邦的兵器、战袍，以及所有的物品都藏进了地窖。在那些士兵进来搜查的时候，她赶紧把自己脱得光光地跳进了刘邦的浴桶里。聪明的薄姬顾不得羞耻，用自己的身体把刘邦给掩护了起来。

刘邦逃难成功后，怎么会忘记那个舍身救人的女人。何况这个女人还是一个让人心动的美女。刘邦怎么可能不被打动呢？很快他便把薄姬纳为自己的第三个夫人。

这个版本确实艳俗，可信度不大。

来看第二个版本。

苦命的薄姬在战乱中被俘虏了，并作为女奴，被押到汉朝的"织室"（为宫廷提供纺织品的工场），成了一名织女。

可是汉朝的奴隶千千万万，薄姬靠什么出彩呢？

美色！

女人长得漂亮，无论在哪里，都是本钱！正好，这个薄姬就是个颇有几分姿色的女人。

我们的薄姬是带着上天的使命来到这个人世间的，她不是要生天子吗？那皇帝看上她是迟早的事情。

果不其然，终于有一天，阳光格外灿烂，鸟儿唱着欢歌，花儿散发出阵阵清香，好色的刘邦在宫里闷得慌，居然跑到织室来搞视察工作。这一查看不得了，发现：一个端庄贤淑且技术纯熟的女子与世无争地纺着线，鬓角还流着丝丝汗珠。没有想到咱这个破烂不堪的小织室里还有这等绝色佳人。于是，便命令左右随从，把薄姬等几个姿色姣好的织女带到自己的后宫去做宫女，哪天兴致来了，让这些个赏心悦目的女子陪陪酒也好。

然而，就在薄姬欢天喜地地准备着飞上枝头做凤凰时，刘邦的健忘症又犯了，薄姬在后宫苦苦等了一年多的时间，就是没有皇帝半点儿信息。皇帝后宫的佳丽实在是太多了。忘记一个小小的织女实在是很正常的事。此外，估计这个薄姬长得也不是花容月貌，在织室里，她可能确实非常出色，可是到了群芳斗艳的皇宫，文弱恬淡的她，实在不能引人注目。

薄姬也不懊恼，皇帝不召见，日子还得过下去。

薄姬和后宫中两个宫女挺要好的，一个姓管，另一个姓赵。同是天涯沦落人，脾气合得来，就谈到一块儿去了。患难之交的三个女子约好以后富贵了还要牢记这份情谊。

过了些时日，薄姬的两个要好女伴，都被刘邦"御幸"过了。有一次这两个美人陪同刘邦在河南的成皋宫殿里游玩，两人记起了和薄姬的约定，相视苦笑。怜香惜玉的刘邦马上追问原因，刘邦深深地怜悯这个弱质纤纤的女人，在两位美人的甜言蜜语劝说下，当晚便召幸薄姬，并将她册封为姬。

命运坎坷的薄姬，也有自己的谋算，她极其能够抓住改变自己命运的机会。当陪侍刘邦时，她柔情蜜意地告诉刘邦，自己昨晚上做了个梦，梦见有一条苍龙盘踞在自己的肚子上。刘邦听了，虽然不是全信，心里还是很欢喜的，便说："这是得富贵的征兆啊，我来帮助你实现吧！"

客观地说，薄姬倒是对那个说自己可以生育天子的话并不怎么看重，她看重的是刘邦这个人，她是个悲天悯人的姑娘，特别喜欢刘邦的坦诚和直爽，当然更喜欢这个人以天下苍生为己任，对天下、对那些受苦受难的黎民发自内心的同情和关切。反正她算得上是真心喜欢刘邦，而且经历战乱的坎坷后，更加懂得生活的真谛，见识了吕雉的泼辣后，做人更是谨小慎微。

薄姬终于怀孕了。经历了十月怀胎，薄妃分娩了一个胖小子。刘邦很高兴，孩子长得多有福气呀！于是便为这个儿子取名叫刘恒。他们希望这个儿子的福贵可以得到永恒。

薄姬心里还是颇为得意的。她实在不是一个贪婪的女人，很容易就知足了。自甘平凡的薄姬从来不去和排行在她前面的戚夫人争宠，更不会去和刘邦的元配吕雉争宠。薄姬信奉"黄老之学"，崇尚无为，以不变应万变。

薄姬亲眼看到，戚夫人没能让自己的儿子成为太子，反而让自己成了"人彘"。失败的太子竞争者，戚夫人的爱子，最终也被吕后给毒死了。

这时，薄姬真是庆幸自己没有去争。薄姬知道，就算是自己不争，也难免引起她的误会。

因此，薄姬懂得生存之道，鹬蚌相争时，薄姬不知道究竟谁输谁赢，当然不敢多言多行，既没有经常去吕雉处串门，也不怎么主动搭理如日中天的戚夫人，至于到刘邦面前去争宠，她更是没有这个野心。而刘邦对她，

历史原来这么有趣·汉朝卷——后刘邦时代

也兴趣不大，反正自她怀孕生产之后，更是连面都不见她一次。薄姬虽然为刘邦生下了儿子，却还是长年枯守孤灯，纯粹守活寡。

孤寂的薄姬在长达八年的时间里，默默无闻地抚养着刘恒。由于她极其不受宠爱，偏偏又生了儿子，被其他宠姬嫉妒，她的处境可想而知。渐渐地她养成了谨小慎微、凡事忍让的性格，就连派来侍候她的宫女，她都不敢得罪。

大权独握的吕后虽然对戚夫人进行了残忍的报复，对薄姬的态度却非常公正。这当然是因为薄姬为人小心谨慎，更是因为薄姬和她一样没有得到丈夫刘邦应该给予的善待，吕后觉得自己与薄姬多少有点同病相怜。正因如此，薄姬意外地得到吕后的特别恩遇，被送往儿子刘恒的封地。

于是薄姬来到偏僻的代国。在薄姬的教导和亲身示范下，代王成为一个勤政爱民的好王爷。吕后专政时，先后谋杀了刘邦八个儿子中的六个，其中惠帝刘盈是她的亲生儿子，之外还有刘肥、赵王刘如意、梁王刘恢、淮阳王刘友、燕王刘建。薄姬与她的儿子代王刘恒却幸免于难，其中的主要原因还是薄姬与世无争，并未和吕后形成竞争之势。当然，薄姬的思想还是深刻地影响了自己的儿子刘恒，他也没敢惦记着那烫手山芋一样的皇位。反正就是薄姬前去代国后，朝廷风起云涌，却丝毫没有惊扰到代国的风平浪静，什么事情也没有发生。

吕后终于也灭亡了，朝廷通过最弱外戚的选举，命运之神将刘恒他们母子送进了长安，曾经的薄姬，马上升为薄太后了，因为，她的儿子刘恒被推举为天子。

即便做了皇太后，薄太后还是宽以待人、严于律己的，她很严格地对待自己和儿子以及其他家人。文帝创立的伟大业绩，也有她的巨大功劳。

文帝也很敬重母亲，他虽贵为九五之尊，但是对母亲孝顺如初。薄太后曾经生了一场重病，时间长达三年之久。俗话说："久病床前无孝子。"但汉文帝刘恒一如既往，三年中，他每天都要看望母亲，常常衣不解带不眠不休地陪伴在旁边，凡是御医送来的汤药，刘恒都要亲口尝过，确认无误了，才会放心给母亲喂下。

　　文帝在位二十三年，一直为薄姬尽为子之道。说起来，薄太后的寿命比自己的儿子还长，她在孙子也当上了皇帝之后，才终于撒手离开这个世界。

第五章　文帝之治

和谐社会

刘恒当上了皇帝，标志着中国历史上第一个盛世——文景之治，即将开启。

刘恒是中国历史上一个非常有作为的皇帝。

他能当皇帝，纯粹是政治意外，所以这也导致了他必须采用一系列的政策来巩固自己的统治。

对于整个国家，他采用的了一个字：养！而这个字也成对他统治的时代的一种总结。

当时的汉朝，经历多年战乱，经济急需恢复，政治上又经历了吕氏家族专权与党同伐异，最需要的就是与民休息，就是养！

刘恒清晰地看到了这两大特征，也适时地采用了这样的政策，可以说刘恒开创了我国历史上第一个老百姓过得很舒适的时代。

什么叫做老百姓过得很舒适？我们不妨从现代个人的角度出发，来臆想一下。

房价持续走低，物资丰富，油价稳定，吃饭、喝酒、坐公车都便宜至极，每天出门不带钥匙不挂锁，警察叔叔站在路边等着扶老幼孕残上车过马路，每周工作三天休息四天，空气质量巨好，一年三百六十五天均达到一级水平，毫无可吸入的金属颗粒物……

当然，这纯粹算是笔者的想象，"文景之治"是不可能这么美的。具

81

体情况，待我一一讲来。

前面不是讲到刘恒的登基仪式了吗，文帝赏赐功臣，首先将陈平的右丞相改为左丞相，然后让周勃担任右丞相，让大将军灌婴担任太尉。

新皇帝登基了，老百姓也跟着一起高兴。于是文帝大赦天下，举国欢庆五天。

我这个皇帝是夹缝中挤出来的，必须得到老百姓的大力支持。功臣也好，刘氏也罢，都是想着我老实听话，才推举我出来撑场面的。既然当了皇帝就要对老百姓好，以赢得民心。

于是文帝刚一上任就废除了一些连坐法，什么是"连坐"？连坐就是一人犯法，全家受累，被牵连着一同入狱。类似吕后废除的那个"三族罪"。区别在于，"连坐"的主要适用的对象是平民百姓，"三族罪"的主要适用的对象是权贵人家。

刘恒不是刘邦的儿子吗？父皇死了，兄长刘盈继位；刘盈死了，吕雉自己当权。自己这么多年当上皇帝，年龄也确实不小了，文武百官怕他坚持不了几年也要归西，于是大年一过，正月一来，群臣都来上书请刘恒立太子，考虑到自己刚即位不久，还得谦虚一下，刘恒假意道："我这个人本身没什么德行，不但没有把上天神明祭祀好，天下老百姓也没有得到我的好处，生活不够富足。如今我还没求取天下的贤人，以便把帝位禅让给他，你们反就劝我早立太子，这是让我更加无德无能啊。这怎么对得起天下苍生呢，还是暂且把这个事情放在一边吧。"

他这么一谦虚，有关部门的官员当然不依不饶啦，大家推举你当皇帝，肯定以后跟你混了，你不把后路想好，万一你有个闪失了，谁给我们做主？于是三番五次地敦请道："早立太子，并不是皇上您一个人的事情，而是不让他人有非分之想。这正是为了大汉天下的稳定，为了咱们宗庙的安全，是利国利民、保持安定团结的大事情啊！"

刘恒说："楚王刘交是我的叔父，年纪很大，对天下的事和朝廷礼仪都比我懂得多；吴王刘濞是我的兄长；淮南王刘长是我的弟弟，他们都秉持着伟大的德义来辅佐我，难道他们不是下一任皇帝的最佳人选吗？刘氏诸侯王宗室的子弟也相当多，其中贤德的人也不计其数，如果推举他们当我的接班人，也是利国利民的好事情呀。现在你们不搞选举，而说接班人一定要是我的儿子，天下百姓将要以为我自私了，居然忘记了有德的人而只关注自己的儿子，这是不为老百姓着想呀，我不能答应。"

官员们当然不会放弃，继续劝道："培养接班人一定要从儿子里选，这是古往今来的传统，没有什么商量的余地。高祖皇帝扫平天下，分封诸侯王。诸侯王也是他们国家的太祖，子孙继承下去，永远不绝。这是放之四海而皆准的公理。现在您想放弃自己的儿子，反而挑选宗室子弟立为太子，这是不对的。您的儿子刘启年纪最大，性格品德也最好，我们认为，不妨就立他为太子。"

终于，文帝为了天下百姓着想，满足了群臣的心愿，立刘启为太子，把太子的母亲窦氏立为皇后。

文帝的皇帝位子还没有坐热，就定好了接班人，怕天下诸侯不服，于是下令赐给天下八十岁以上的孤寡老人以及九岁以下的孤儿吃的穿的，进行赡养，并施惠于天下，大力安抚诸侯以及邻邦。当然，封赏宋昌是早就想好的，只是鉴于情势，没有一开始就大肆封赏自己的功臣，但是宋昌的功绩自然记在文帝心中。于是文帝对亲信们说："我这次能够前来长安即位还真是多亏了宋昌给我出谋划策，起先大家都以为是别人设计的圈套，想不到还真是一步登天坐上皇位了。"于是便封宋昌为壮武侯，跟着我冒险的，大家都封官，于是随行的六个人全部都官至九卿。

文帝的皇位是捡来的，这个天下不是我打下来的，也不是我拼命抢来的，唯一的冒险也只是虚惊一场，要封赏就多封点吧，不如把高祖的旧臣，刘氏的诸侯都赏赐个遍吧。就这样，每个人都分点儿股份，谁也不落下，让大家都觉得这个国家也有自己的份，刘恒当皇帝，大家都能得到好处，谁还天天想着闹事呢。正是他这种大家好才是真的好的心态，稳定了当时的政局，为接下来的"文景之治"奠定了政治基础。

但事情总不会像想象得那么好，稳定了内部，并不代表稳定了一切，外部又出问题了！

南方干部

天上掉下个皇位给刘恒，首先要做的，当然是培植亲信，分散功臣的力量，以期缓解矛盾，巩固地位。不想当皇帝的刘恒，一旦当上，也会努力做下去。坐在龙椅上我是皇帝，下去后就只能做冤魂了，这一点，汉文帝刘恒比谁都想得透彻。

缓解矛盾的另一个重要举措则表现在对待南越国的问题上。

南越国国王赵佗，曾被毛泽东称为"南下干部第一人"。他原先是真定（今河北正定）人，秦朝的时候，曾经到岭南当过一个地区的县令。那时候的岭南，乃蛮人居住场所，所以赵佗的这个县令可不是那么好做的。

当年秦国统一天下之后，秦始皇发兵征岭南，设立了桂林（今广西）、南海（今广东）、象郡（今广西西南及越南北部）三个郡，为了保证联系与巩固统治，秦始皇迁徙了许多中原地区的百姓到岭南去开荒，并与当地的土著蛮人杂居。

不想十三年后，秦朝大乱，南海郡尉任嚣听说陈胜等人造反，各地豪杰纷纷起兵反秦，他担心那些乱兵被打急了，会来此骚扰，所以决定发兵隔绝中原和南海之间的所有通道，静观中原的变化。

遗憾的是，任嚣突然病重了。在他临终前，赶紧把手下的爱将龙川县令赵佗召来，嘱咐道："番禺（南海郡治所，今广东番禺）背靠高大的南岭，险峻异常，东西南北方圆数千里，中原来的才干之士也很多，我们倘若在这里割据，也算是一州之主，所以我想，不如就在此建国立业。我马上要走了，军中官吏就数你最强，所以我今天把你召来。"

任嚣委以赵佗（代理南海郡郡尉），掌管南海郡的军事，公元前206年，任嚣听说秦朝灭亡，病情加重，于同年病逝。赵佗既然已经"名正言顺"，就立刻发下檄文，敦告横浦（今江西大余以南）、阳山（今广东阳山县北）、湟溪（今广东英德县南）三个关口的守卫官吏："强盗乱兵马上要到啦，你们赶快挑选精兵强将好好守卫起来。"

封锁了各条通道，下一步肯定是清理门户了。赵佗雄心勃勃，马上就找茬诛杀了秦朝派来的那些行使监督权力的官吏，然后分派自己的亲信担任各县的重要职务。当秦朝灭亡的消息传来时，赵佗一不做，二不休，发兵击灭了周边的桂林、象郡，统一了岭南，自称"南越武王"。

这就跟我们民国时候的军阀割据有点儿相似，反正没有一个强有力的中央政权，大家都打算占山为王。

赵佗算得上是个有理想的国王，在他去岭南之前，岭南越人还处于一种原始的奴隶制阶段，而中原地区已经过渡到经济和文化相对发达的封建社会。所以赵佗占领岭南地区后，首先推行郡县制，再者就是重视发展农业，最重要的是他在那里实施了成功的民族政策。比如，他入境随俗，遵从越人的风俗习惯。赵佗还做了一件重要的事情，为了促进民族融和，大力提倡汉越通婚，并且他带头让自己的儿女和越人结婚。

另外，赵佗还因地制宜，让部分越人"自治"，尽量给当地人自由。公元前196年汉高祖刘邦派曾遣陆贾出使南越，劝赵佗归汉。在陆贾的劝说下，赵佗接受了汉高祖赐给的南越王印绶，臣服汉朝，使南越国成为汉朝的一个蕃属国。

吕后执政时，不知是哪个家伙出了个馊主意，说什么南蛮人怎么怎么野蛮无知，汉朝突然下令禁止向南越国出售铁器和其他物品。这下麻烦大了，你汉朝不卖铁器给我们，我们怎么开荒呀？你们明明知道我们南蛮人，不会造铁器，摆明了是不给我赵佗留条活路——既然你不卖给我，那我就去抢！

于是赵佗宣布脱离汉朝，自称南越武帝，发兵攻打与南越国接壤的长沙国，击破了长沙的几个县邑。

赵佗反了！吕后特别愤怒，立刻派遣大将隆虑侯和周灶率兵去征讨南越国。可是不巧得很，碰上了南方的雨季，那可不得了，这雨一下就是一两个月，到处都潮湿泥泞，军粮都发霉了，四处蚊虫孳生，中原地区的将士哪里见过这个场面啊，在山涧里跋涉了半年，还没走到岭南就发生了瘟疫，去的人死了大半。

这样的军队还可能打胜仗吗？所以，远征军南征了一年，连南岭都跨越不了。

将士们都苦不堪言，觉得自己都要发霉了。值得庆幸的是，他们很快就得到一个振奋人心的消息：吕后死去！全军大喜，找个借口就班师回朝了。

赵佗大喜，没想到强大的汉朝对自己无可奈何，多亏了咱的气候和地势啊。既然吕后已死，齐王发难，你们自己已回去，我也出去活动一下。于是他趁机派人和闽越、西瓯等（今浙江、福建一带的少数民族）小国联络，逼迫他们臣服自己。

既然有这么多的小国效忠于我，我就自大些。接着，赵佗在国内讲起了排场，出门打黄罗伞，发布命令时自称制诏。

刘恒刚当上皇帝时也没有发火，刘恒向来就是很有自知之明的人，毕竟他是经历过苦日子的人，既然幸福来得如此之快，需好好把握才行，最重要的是，他的性格使他重在防守，进攻的事情，让后代考虑吧。

他清楚现在出兵征伐南越对自己没好处，先把内政搞好了再说，让自己站稳脚跟，让百姓安居乐业，这些才是正事，开拓疆土不过图个虚名。于是汉文帝任命汉高祖时曾多次出使南越的陆贾再次出马，出使南越，带了刘恒的一封亲笔信交给赵佗。

这封信多有政治水平，大家一起来看一下。

尊敬的南越王您好：

首先恳请您转达我对全国人民的问候。您最近想必是苦心孤诣，应多多注意休息啊。

我是高皇帝的小儿子，曾经被弃在外，守护代国。那个地方非常偏僻，教育也不发达，况且我本来情商不高，从来未和您通信。高皇帝他老人家早早就过世了，孝惠皇帝也很快去世，吕后自己称制时，身体也不怎么好，所以执政行事也有点儿糊涂。加之吕氏家族专权独断，还冒充我们刘氏的子孙，继承孝惠皇帝的位置。幸好苍天保佑，加上功臣的努力，我们诛灭了吕氏。我实在推脱不了王侯官吏们的热情邀请，如今勉为其难地当了皇帝。不久前看到了大王您让隆虑侯周灶转交的书信，您在信中请求找到您的兄弟，并调回进攻南越的两支军队。我现在已经命令军队撤退，您的兄弟们在家乡真定，我也已经派人带礼物前去问候，您的祖坟也派人进行了精心的修建。

我以前听说大王发兵骚扰了我们边境，以致长沙国深为苦恼，南郡尤其痛苦。其实大王您自己的国家，也没有得到什么好处！不过是让更多的士卒走向死亡，更多的良将好官受伤残废，更多的妇女成为寡妇，更多的小孩成为孤儿，更多的父母无依无靠罢了。这就是所谓的得一丢十呀，我不忍心这么做。我本来想把那些和南越国犬牙交错的土地都送给大王您，可是有关官吏告诉我："这些都是高皇帝定下的。"我身为人子，实在没法擅自改变。官吏们也提议："其实得到了大王的土地不足以称为大，得到了大王的财物不足以称为富。不如这样，服岭（长沙国南界的山岭）以南的土地，大王您自己治理好了。"

如今，大王虽然已经自立为帝，现在两帝并立，如果没有一个使者往来相通，肯定会产生争执，产生了争执而不懂得谦让，这是仁者不忍心做到事情。

不管怎样，总之一句话，希望与大王冰释前嫌，从今往后，通使如故。所以我特意派了陆贾前去把我的心意告诉大王您，大王如果接受我的意见，就不要再骚扰我们的边境了。我这里奉上上等棉衣 50 件，中等棉衣 30 件，下等棉衣 20 件（等级以棉的厚薄为划分依据），赠送给大王。希望我们邻居之间，和睦相处。

赵佗读完这封信，实在是感动得不行。他能不知道吗？自己以南越的国力哪里敢和汉朝抗衡，先前只是仗着北方士卒水土不服，自己才占点儿优势。现在汉朝皇帝如此谦恭礼让，自己就要有所表示，于是马上叩头谢罪，下令全国说："汉朝皇帝是个值得尊敬的人，从今天开始，去掉一切代表皇帝的排场，恢复南越王的称号。"并给刘恒回信，礼尚往来。

蛮夷的长官、老臣赵佗冒死再给皇帝陛下回信：老夫我先前不过是南越的一个小吏，高皇帝封我为南越王，孝惠皇帝对我也礼遇有加，等到吕后执政时，突然下令说，不要卖给南越国金器和铁器，也不要卖给他们马、牛、羊。我听到这个消息，非常惶恐，一时，无意冒犯了大汉，于是接连派了好几拨使者去汉朝谢罪，可是那些使者一去不回。后来又听说自己在老家真定的祖坟也被刨了，就觉得是长沙王在朝廷说了我的坏话，才导致这种情况。

老夫我在南越国生活了49年，都有孙子了，却总是吃不香、睡不着，对什么都提不起兴趣，究其原因，都是因为心里一直没有忘记汉朝。现在陛下您对老夫这么尊重，老夫怎么还敢称帝呢？您还是让我当南越王吧。

刘恒这招以退为进的策略果然奏效。人还是谦虚点儿好，皇位送上门，国土有人拱手相让。

第六章　才子贾谊的短暂人生

贾谊出场

我们要谈刘恒做皇帝的下一步政策，必须要介绍我国历史上的一个知名才子——贾谊。

贾谊是当时的河南郡洛阳县人，这人是个少年才子，文章写得很好，他十七八岁的时候，在家乡就已经是鼎鼎大名的人物了，这引起了当时的河南郡太守吴公的注意。吴公很爱才，他听说贾谊满腹诗书，且文采飞扬，当即就把贾谊收到自己的门下。

太守吴公也不是泛泛之辈。当时的河南郡位居中原，是个大郡，不但面积大，地理位置也非常关键，郡治洛阳是汉朝的东都。皇帝刘恒上台后，为了解地方官的水平，进行了一次太守政绩考核，吴公治理的河南郡就成为汉朝和谐社会的模板。这说明他的确是个有才干的人。

当时皇帝刘恒看到郡国的考核报表，大为欢喜，这是个人才。马上吩咐人把吴公的履历档案浏览了一遍，原来吴公的来头还不小，他是楚国上蔡人，与秦国的丞相李斯是同乡。而且不仅仅是同乡，吴公在求学的时候，曾经拜李斯为师，学过法律。李斯是秦朝著名法学家，所谓名师出高徒，李斯的弟子吴公自然也不会差。

汉文帝刘恒看到这儿，欣喜非常，激动不已，赶紧发了一封诏书，把吴公调到长安当廷尉（最高法院院长）。

当然，提拔吴公，刘恒也为自己打了个小算盘。那时，刚创立的汉王朝新政权内部，功臣集团、刘氏其他兄弟们以及他们的子弟占据了朝廷的各个重要职位，他们大部分都是擅长打仗的军人，行军打仗他们可以，治理国家就不行了。所谓马上得天下，不能马上治之。毕竟像曹参那样又勇猛又谨慎、文武兼备的人物是少见的。所以他急需一些相才，而不是将才。

更重要的是，那些战将仗着自己有功，往往飞扬跋扈，难以管理。而且他们还抱成一团，形成了盘根错节的裙带关系，很难下手，对皇权是个不小的威胁。因此刘恒深切地体会到，自己必须培植新兴的力量，以期与功臣集团抗衡。像吴公这样的人，自己本身并没有什么军功，是个文化人，应该不会那么嚣张。况且他出身为文法吏，对历朝的律令都有一定的研究，非常适合治民。最主要的是，他没有什么政治军事背景，除了紧紧依附皇权之外，不可能有什么别的野心了，刘恒深信，吴公这个人在政治上是非常可靠的，加以培植，肯定能为我所用，为大汉江山社稷造福。

吴公到了朝廷后，马上向刘恒推荐他的得意弟子贾谊，说贾谊饱读经史子集，非常博学。很快刘恒就把贾谊召到朝廷，拜他为博士（当时的"博士"是官名，归掌管国家礼仪事务的太常管辖），意博古通今之士。皇帝一旦有了疑难，就找博士。

贾谊很争气，没有给吴公丢脸，也没有辜负这个官职，他在博士里年纪最小，反应却最为敏捷。每次皇帝下达了诏令，让众博士们一起讨论，往往在其他博士还一头雾水的时候，贾谊已经整理好思绪，举手发言了，人家可是条分缕析，讲得头头是道。而等其他博士慢慢回过神来，发现这小子就会抢风头，不过讲得还挺是那么回事，把老子想说而又表达不出来的话全说出来了，于是又嫉妒又佩服。

刘恒看到贾谊的确才华横溢，当然很高兴，没过半年，就把贾谊破格提拔为太中大夫，级别从比六百石变成了比一千石。我们知道，汉朝的官，在比六百石和比千石之间还有六百石、比八百石、八百石三个等级，一般情况下，能连升三级已经不得了了，而贾谊竟然一下子升了四级。

"士为知己者死，女为悦己者容。"年少得志的贾谊对汉文帝刘恒当然是感激涕零，忠心耿耿，时时刻刻准备为伟大的知己皇帝抛头颅、洒热血。

贾谊的建议

这一天，贾谊让两个大汉抬了满满一筐子竹简，献到了刘恒的跟前。这就是贾谊熬了无数个日夜写出来的，对当前政治改革所制定的一系列计划。

刘恒用了一上午的时间才把那些奏章读完。看过后，刘恒感动得几乎要掉眼泪了。看着眼前这位臣子，年纪轻轻，却面容憔悴，一定是为国事殚精竭虑所致。"贾谊，你的建议实在是太好了，朕一定要提拔你当公卿才行。"刘恒毫不吝啬赞美之词，当即对贾谊许诺道。

第二天，刘恒兴致勃勃地将贾谊的奏章带到朝堂上，展示给群臣看，让你们见识见识我慧眼识到的英才。却不想，奏章一上朝，当即引起了轩然大波。

为什么呢？

原来贾谊没日没夜折腾出来的计划大致包括以下两方面内容。

一、将国家崇尚的颜色改为黄色，五为吉祥数字，官名等重新制定。

二、让列侯到自己的国土上去。

第一条算是迷信的看法。说来话长，我们来简单回顾一下。大概是从战国时代开始，社会上就流行一种解释朝代轮换的学说，大家都称其为"五德终始说"。

按照"五德终始说"的说法，做皇帝的人都不是平平凡凡的一般人，那是必须得到上天授命的，这种所谓的"命"又称为"德"，大家统一用金、木、水、火、土来代表。

凡是做皇帝的人，一定是得到了"五德"中的"一德"。倘若你想消灭一个皇帝，必须等到他的这个"德"衰竭了，才会被另外一个可以压服它的"德"所代替。

比如金克木，木克水，水克火。秦始皇当年自认是"水德"，声称秦朝是克服了周朝的"火德"而夺取天下的，所以他制定出了一系列有关"水德"的制度，如规定要崇尚黑色（古代人将黑色和水联系在一起），又规定把六当成吉祥数字：符节用六寸长的竹子，车厢宽度也是六寸，包括驾车的马也是六匹，诸如此类。既然现在汉朝代替秦朝取得了天下，当然也要改改这个制度了。既然秦是"水德"，汉朝代替了秦朝，按照水来土屯的说法，汉朝应该是"土德"。

按理说贾谊折腾的这个理论倒没有违背谁的利益，你爱咋整咋整，而且很多皇帝登基了都喜欢搞些创新和变革，但是咱刘恒皇帝比较实际，不爱搞这套劳民伤财的玩意儿，况且自己才即位不久，搞这些花哨的礼仪也没有什么实际意义，既然搞了没有坏处也没有好处，在现在事情多闲工夫少的时候，就先搁一边吧，哪天咱雅兴来了再捣鼓捣鼓。

但第二条就涉及很多人的利益了，那还了得，你搞点花里胡哨的事情，那就随便你了，谁让当今皇帝看重你呢，但是你要侵犯我们的利益，那就不行了。

那些王公大臣们不喜欢，但是刘恒很喜欢，侵犯他们的利益，不就是为了给我争取更多的利益嘛！

刘恒立刻起草了一封诏书，这封诏书写得那是相当有文采，而且满怀忧国忧民的深情：

我听说古代天子分封了上千个诸侯，分封的诸侯们都老老实实地待在自己的封地上，勤奋地治理自己的百姓，每年年末来给天子进贡，老百姓不感到劳苦，诸侯们也觉得轻松，现在你们这些列侯们大部分都居住在长安，离自己的封地特别远，你们封地上的百姓每年要不远万里地赶到长安为你们奉送你们应得的税收和粮食，那个辛苦真是一言难尽呀，这哪里是善待百姓的做法呢？再说，你们这些列侯天天待在都城好酒好肉伺候着，也没有办法教育自己封地上的百姓。所以，我现在命令你们这些列侯全部回到自己的封地上去，只有那些在长安朝廷有公职的人员以及被皇帝诏书特别挽留的，才可以暂时留在长安。

这话说得多么冠冕堂皇，真是个为广大老百姓着想的好皇帝呀。但我们仔细分析一下就知道，这篇诏书中的理由其实是靠不住的。

刘恒在此用西周春秋的诸侯来比附汉代的列侯，这是非常不妥当的。此一时彼一时，春秋时期的诸侯，在自己的封地上那是有着绝对的权力的，不管是行政啊、司法啊还是军队，都是诸侯自己说了算；而汉代的列侯，就收取租税，其他什么事情也没有。也就是说，汉代的列侯除了收取自己封地上的租税之外，什么行政权、司法权、军权等，一概没有。

倘若哪个列侯一时放肆，杀了自己封地的百姓，按照汉朝法律，甚至还会处死。所以，刘恒让列侯回到自己封地上，声称可以教育自己封地上的百姓，这是没有根据的。

那么为什么刘恒要花费这么多的心思来做这件事呢？

其实，他要列侯回到自己封地上去，主要目标只有两个封国，一个是淮南国，另一个是齐国。更确切地说，是针对两个人，淮南王的舅舅周阳侯赵兼和齐王的舅舅靖郭侯驷钧。皇帝为什么看不惯这两个人呢？

说来话长。

所谓的周阳，就是在我们今天的山西闻喜县东边二十多公里处，不属于淮南王国的范围；靖郭本来是战国时代齐相田婴的谥号，因为田婴封地在薛县，所以又把薛称为靖郭。倘若此说属实，则靖郭即薛，属于鲁国，也不在齐国的范围内，故址在今天的山东滕州东南。

有了这点地理知识，我们分析下面的问题就简单多了。

吕后死后，刘恒是亲眼目睹了吕氏灭亡的全过程。在齐王的号召下，八面威风的吕氏家族终于由惶惶不可终日而走向灭亡。那时朝中虽然功臣如云，周勃、陈平、审食其等，可是没有一个人敢篡夺汉家的天下，为什么呢？一方面因为他们互相之间不服气；另一方面显然是忌惮众多的刘氏诸侯王。狗咬狗骨头的那些人可能会因为一块巨大的狗骨头而联合起来，事实上，他们后来也确实为了共同的利益而联合起来了。

所以，后一个原因成为重要的原因：刘氏诸侯王还是很有威慑力的。如今刘恒当了皇帝，防备东方诸侯王当然成为第一要务。而在所有的诸侯王中最强大，在血缘上又最具有争夺皇帝宝座能力的就是齐王和淮南王。

当初刘章和刘兴居不是就想拥立他们的哥哥齐王刘襄为皇帝吗？说明人家是有一定实力的，而且也是有野心的。

关于野心，我是这么想的，即便你一时没有，到了一定的时候，自然而然就有了，关键是看你的实力和摆在你前面的诱惑够不够大！

在诛除吕氏家族的斗争中功劳最大的就是刘章和刘兴居两个宗室，但是他们并没有得到应有的赏赐，刘恒当了皇帝，只是割了齐国的几个郡，分封他们两个人为城阳王和济北王。说明刘恒的心里是有防备的。

但问题在于，先前功臣们答应他们的是：事成后封刘章为赵王（吕禄的封国），封刘兴居为梁王（吕产的封国），刘恒这么一封，显然是故意贬低了他们的功劳。事成之前许诺的，事成之后就变卦了，他们心里肯定不舒服。

刘恒当然知道他们不服气，也知道怎么样才能让他们平心静气，那就是把皇帝的宝座让给他们。人家首先发难，出生入死地诛杀吕氏，不就是为了刘氏江山吗？虽然你刘恒也姓刘，可哪有自己亲哥哥亲呢？于是，双方各自心里打着小算盘。

好了，下面我们还是来看看汉朝列侯的分封惯例。原来那些诸侯王的子弟和外戚，如果被封为列侯，封地都安排在诸侯王的国境里，一般来说，很少会从汉朝疆域内再划出一个县来加封，这点汉朝想得很周到，赏也赏了，封也封了，自己一点儿都不吃亏。比如齐王刘肥的儿子朱虚侯刘章，他的封地朱虚县就在琅邪郡境内，汉初是齐国的地盘。但汉文帝刘恒这次封淮南王的舅舅赵兼，却把他封到了淮南国外，显然是为了防止赵兼成为淮南王的羽翼。

这样来说，君主幼小之时都由母亲抚育，母亲一般都比较信任娘家人，因此君主当然也是比较信任他们，年富力强的舅舅理所当然地被视为依靠，因此历代帝王对外戚专权都花费心思进行防备。更何况汉朝刚刚经历了吕氏外戚专权的祸乱，齐王和淮南王当日落选，就是因为他们的外婆家名声不佳。如今，对他们的外婆家的防范，刘恒是很重视的。

淮南王这人还比较老实，但是有赵兼在他身边，时不时给他出谋划策，汉文帝就不放心了。

至于齐王的舅舅驷钧就更不用多说，此人一向品行不好，被众人视为恶人，刘恒自然更是要警惕，靖郭表面上是属于齐国的济北郡，但在第二年，刘恒就把济北郡割给了刘兴居，封刘兴居为济北王，实际上也不在齐国境内了。

大家分散开，免得一呼百应，造反生事，被别人反下去的皇帝，除了死路是没有其他的路可以走的，所以刘恒很小心。

贾谊闯祸了

但小心也不见得就能驶万年船，一旦触犯了某人或者某些人的利益，阴沟里也会翻船。刘恒就是这样，他的这些举措在长安列侯们的强烈抵制下失败了。

贾谊是一个没有背景，没有战功的人，想动动嘴就帮皇帝把我们的蛋糕夺走，这也太天真了！

事情一公开，让住在都城的列侯们都回到地方去，大家群起反对，基本结果是谁也不愿回到自己的封地去。毕竟列侯都是开国元勋，待在中央多方便，基础设施完备，有意见了跑到皇宫里去诉苦，顺便得到最新变动消息，还可以享受首都各式各样的奢侈品。

回到地方上，就算带着大车的金银珠宝，只怕有钱没处买。况且有些功臣的封地还在遥远的南方，汉朝时的南方是蛮夷之地，即便是江浙一带，都不像如今这样风景优美，大部分地区都是地广人稀，荆棘丛生，最主要的是，南方雨水很多，天气湿热，蚊虫和血吸虫奇多无比。据说科学家考证，长沙马王堆汉墓出土的女尸体内就有大量的血吸虫卵，可见当时长沙实在是个荒蛮之地，北方人哪里过得惯，只怕住不了几个月，就因水土不服，染上瘴疠，一命呜呼了。

当然，这个还是自然环境，环境困难是可以克服的，但是心理问题就不好解决了，凭什么就把我们赶到那么远的地方去受苦受难？

列侯们可都是为汉朝天下立过汗马功劳的骁勇战将，当他们在马上叱咤风云时，贾谊还不知道在哪里呢，怎么能服气？所以大家一致表示，贾谊的建议完全没有可行性。

骂得最凶的就是绛侯周勃、颍阴侯灌婴、东阳侯张相如、御史大夫冯敬这四个大人物了。于是，比贾谊上书更轰轰烈烈的事情发生了，人家来的可是百人签名书，并且这百人中大部分人都比贾谊的背景深。

贾谊闯祸了！

以周勃为首的数百个功臣联名向刘恒上书道："贾谊年纪轻轻，凭着自己读过几本书，如今竟然插手到国政上，实在没安什么好心。我们认为这家伙肯定是想篡位夺权，陛下您一定要擦亮眼睛啊！"究竟谁想篡位夺权，谁在危言耸听，刘恒还是很清楚的。但是人家这么多人都一致出声：贾谊如此乱搞，我们都很生气，皇帝您看着办吧。

这就是威胁，所以大家还真别以为以前的皇帝是绝对的权威，历史上大多数皇帝做重大决定时都得考虑大臣们的建议，皇帝再热衷的政策，只要太多人反对，照样无法实施。

此时，陈平已经去世了，周勃按照功劳和威望的排名，是当之无愧的领军人物。这事儿既然有周勃丞相出头撑腰，其他列侯也因此都装聋作哑，或者编造各种理由搪塞，总之是不肯奉行皇帝的号令。

对此，汉文帝也没有什么办法，自己即位才一年，地位尚且不太稳固，如此硬来出乱子的概率很大，既然这个主意大家都觉得不好，那么我也就睁一只眼闭一只眼。做一国之主的人，关键在于平衡各方利益。这一贯就是文帝的政治智慧和生存智慧。

让列侯们回封地这件事就暂时搁置了，接下来的大半年时间，刘恒可也没闲着。

政治是什么，政治就是策略可以不断改变，但是目的不能随便改变！

一计不成，再生一计。

不久，贾谊再次上书，此次上书的主要内容就是强调东方诸侯王的叛乱可能性，恳请汉文帝削藩，同时封自己的亲生儿子为诸侯，以捍卫首都长安。贾谊很卖力地为皇帝安危及社稷呐喊！

他还自告奋勇要率领军队去攻打匈奴，甚至夸下海口，要用绳子系住匈奴单于的脖子，献给文帝当狗使。

文帝不糊涂，也不生气。贾谊的书呆子气质人尽皆知，对他攻打匈奴的建议，文帝当然是一笑置之，不过他提出的封自己儿子为诸侯王这个建议非常不错。

于是刘恒当即下诏，封自己的三个儿子分别为代王、太原王、梁王，此三国都是深居要地，其国土都在天下险峻处，而且离长安很近，原先的代国国都在中都（今山西平遥），现在分为代国和太原国两个国家，前者的国都在代（今河北蔚县），后者的国都在晋阳（今山西太原），梁国的国都在睢阳（今河南商丘），基本上对长安形成了拱卫的架势，任何来自东方、北方的威胁都必须得经过这三个王国，才能危及长安。

贾谊成为牺牲品

刘恒考虑得很周到，在这次分封三个儿子之前先下了一道诏书："当初赵幽王被吕后逼死，我特别难过，之前我已经封了他的太子刘遂为赵王，我认为刘遂的弟弟辟强以及齐悼惠王的儿子朱虚侯刘章、东牟侯刘兴居都有大功劳，他们也应该封王才对。"

然后刘恒就分封刘辟强为河间王，刘章为城阳王，刘兴居为济北王。

先给你们点儿甜头，再让自己大捞一把，时刻顾虑着大家的心情。

当然这也是一种政治手段。

让刘辟强当河间王，刘章和刘兴居就不高兴了，在剿灭吕氏的政变中，周勃等一干功臣答应事成后封刘章为赵王，封刘兴居为梁王，如今打发我们这点儿土地，还想让我们感恩戴德？

刘恒因为听说刘章和刘兴居曾经想拥立他们的哥哥齐王刘襄为皇帝，心里从来就没有满意过，所以尽管周勃等人常常提醒，却一直也没有兑现功臣们的诺言，如今要封自己的儿子为王了，才敷衍了事地先分封了刘章和刘兴居，对于皇帝来说，这不过是点儿小恩小惠。

这个城阳和济北就是一个郡，比刘章、刘兴居当初期望得到的差得太远，他们高兴得起来吗？

由此我们也可以看出，刘恒可能确实本性仁慈，但他并不大度。这也难怪，人不为己，天诛地灭。恐怕任何人面对皇位这个诱惑，面对窥视自己地位的对手，恐怕都不大度。

既然诸侯不满足，皇帝也不满意，这个问题只能先搁置了，打不起来就先搁置一旁，毕竟如今实力相差悬殊，不妨各自先回家巩固巩固自己的实力再说。

接下来刘恒抓起了建设。首先废除了"诽谤妖言"之罪，归还老百姓一定的言论自由，然后给各个郡太守颁发了虎符，虎符由铜铸造而成，分为两半，右半留在都城长安，左半赐给各位太守，倘若皇帝某天要发兵了，必须派遣使者带着右半虎符到郡，和太守手中的左半虎符对上才可以。这样就可避免太守擅自发兵造反的可能。这个措施很重要，它标志着刘恒的皇帝地位进一步稳固。

年底，刘恒专门下诏书，声称免去老百姓这年的一半田租。接着就到了十月新年（相当于我们的正月新年），过完新年，刘恒紧接着又下了一道诏书，把"列侯之国"的剩饭再炒了一次，再次敦促列侯们回到自己的封地上去。这次刘恒可是来真格的，周勃你带头造反，你不想走是吧，赶你走！当然，在诏书里，刘恒是这样说的。

以前我曾经下过诏书，让各位列侯回自己的封地，列侯们各自找出种种借口，不肯奉诏。丞相周勃，是我最器重的人才，我看就让他老人家起个带头作用，给大家做个表率，先回到自己的封地去吧。

到十二月的时候，刘恒果断地让颍阴侯灌婴接替了周勃的右丞相职位。周勃被皇帝请回了自己的封地绛国，当然，对于做表率的人物，也不能亏待了人家，多赏赐些金银珠宝，回家当富家翁，何乐而不为呢？只要你别闹事，金银珠宝，美女美酒，要多少给多少。

当然，仅凭金银珠宝打发周丞相是不够的，刘恒在办这件事的时候，还采取了安抚功臣的策略，把受周勃等人嫉恨的贾谊也同时贬到了长沙，去当蛮夷之地长沙王的太傅。当然，对于贾谊来说，名义上自己还是升了官的，诸侯国的太傅比郡国的太守地位高，安抚了别人，当然也不能委屈了我们的才子。有什么办法呢，政策的改革者，对于某些利益集团来说，你就是"始作俑者"，你不放点儿血，何以平众怒？帝王就是平衡利害关系，平衡好了，大家好商量，搞不平衡，大家撕破脸。

周勃都要走啦，大家也都识相点儿吧，走吧走吧。于是都城一下子成了六月份的大学校园，吃散伙饭呀，送别呀，长亭连短亭的事情此起彼伏，刘恒终于满意啦！

可是贾谊很不满意。

贾谊被贬

不满意也没有办法，这是一次明升暗降的人事调动，贾谊也说不出什么。

汉代初年，诸侯国的太傅比郡国的太守地位确实要高些，当上太傅的贾谊显然是升官了，但问题是，贾谊被发配到边疆。当年的长沙可不是个好地方，地势陡峭、环境很差，梅雨季节一来，人都要发霉了。最重要的是，这里紧挨着荒蛮之地，经济不发达，一般在长安城里做官的人，没人愿意去那里，都怕染上瘟疫早死，所以说来说去，贾谊还是被贬了。所以贾谊很忧伤，他在长沙闲来无趣，忧愤中写了两部文学作品《吊屈原赋》和《鹏鸟赋》，用以抒发自己的落寞心境。

事情还没有完结，有一天，皇帝刘恒想起了远方的贾谊。

就是在淮南王谋反被发觉的这一年，贾谊被皇帝召回了长安，因为刘恒到底还是有些想他了。贾谊风尘仆仆回到京城，正好是冬天祭祀的那一天，完成祭祀，刘恒心情非常好，同时也略有疑虑。祭祀完毕，刘恒脑子里不免胡思乱想：咱们如此煞有介事地大搞祭典，那些先祖、鬼神到底有没有来享用祭品啊？正在这时，贾谊来到皇帝的身边。来得早不如来得巧，刘恒很高兴，贾谊算得上是大汉最博学的人才了，关于鬼神问题，不妨请博学之士谈谈高见。

贾谊受宠若惊，他立刻认认真真地对刘恒的提问做了最详尽的解答。

贾谊旁征博引，唾沫横飞，一直讲到半夜。刘恒没想到这个贾谊还是这么博学，头头是道，都听入迷了，自己的身子不知不觉往贾谊身边移去，生怕漏掉一个字。

贾谊极力地表现着，皇帝又是如此痴迷，看来真是时来运转了。

然而，事实证明贾谊很傻很天真！

毕竟，刘恒是个很有自尊心的皇帝，此刻即便听得过瘾，但在贾谊走后，却是怅然若失：唉！我好久都没有见到贾谊了，自以为学问可以超过他，没想到还是差得这么远！

不知道是不是因为嫉妒的原因，总之在这次谈话后不久，刘恒立刻又把贾谊贬到梁国，去当梁孝王的太傅，五年后，梁孝王坠马身亡，贾谊深深自责，不久死在梁国，再没回到他要尽忠的皇帝身边。

倘若贾谊能偶尔拍拍汉文帝的马屁，尽量收敛自己的才华，或许汉文帝不会一而再再而三地把他贬到外地做官。但是，很不幸，才华横溢的贾谊并不懂得这一点。贾谊，你是个才子，但你终究只是个书生，不是个政治家。

第七章　陈平、周勃浮沉史

聪明的陈平

南方边境既然安排妥当，下一步就集中精力培植自己的势力吧。刘恒很快开始了自己的计划。

刘恒当代王时也许是厚道的，但是如今厚道的代王终于将屁股挪到了皇帝的宝座上，这一挪问题就出现了。当年作为代王，刘恒是心安理得，勤俭爱民，莫名其妙突然被一大帮精兵良将拥护着当上了皇帝，坐上了天子的宝座，刘恒的心，七上八下，你们这些个如狼似虎的将领说让我当皇帝就让我当皇帝，你们说不让我当皇帝，我怎么办呢？

大汉王朝丞相陈平首先发觉出形势不妙，皇帝有二心。

这话听起来像皇帝要造反一样可笑！

皇帝能不有二心吗？陈平开始分析了，虽然刘恒是我等协扶着登基的，但既然登基了，人家就是皇帝了，是名正言顺的君主，我们再厉害，也只是个臣子。我们做不了吕后，她立的皇帝都听她的，谁不听就杀了谁。

刘恒曾经那么谨慎地对待吕后，是因为他深刻地知道吕后的难缠啊。如今我们既然是他的拥立者，又是手握重权的臣子，我们的存在会不会碍着皇帝他的眼了？陈平深知，做臣子就应该想些臣子应该想的事情，倘若臣子和君主对抗，是不会有好下场的。

搞计谋出身的陈平，政治嗅觉那是相当灵敏，既然皇帝不喜欢我多事，我先避避风头。于是，没过多久聪明绝顶的陈平就开始装病，他还带病去见皇帝，谦称自己诛除吕氏家族时，功劳不如周勃大，恳请皇帝做主，把自己的右丞相位置让给周勃。

这个陈平的确了不得，把事情一推，和自己没什么关系，接下来就是周勃的事情了！

周勃就算有点儿小聪明那也是跟陈平学的，如今天下太平了，他每天都吃得好，喝得好，睡得好，一心一意好好干活，没觉察出有什么不妥。因此听说陈平生病了，要辞官，让他当右丞相，当就当，反正都是丞相，这左丞相右丞相还不都是干活，况且到底还升了一级，本来我就比陈平那小子功劳大些，我冲锋陷阵那会儿，陈平不就是在温室里耍耍嘴皮子，就骗了个最大的官当着，想着这事我就特别憋屈。看来皇帝还是英明的，知道我的功劳大，陈平就两片嘴皮子，给我升个官也是应该的，我天生的劳苦命，辛苦辛苦也不打紧，于是高高兴兴地接受了。

既然一个愿让一个愿接，皇帝也就做个顺水人情，很快，周勃升任为右丞相陈平则降职为左丞相，位次第二。

刘恒欣慰地看了陈平一眼，不错不错，是个好长工。

他当然知道陈平是故意谦让，他要的就是这个效果，你这一让，同时也向我表明了你没有野心，这让我很安心呐，刘恒心里喜滋滋的。

既然皇帝很高兴，大家都欢喜。陈平既然如此乖巧，得给他赏赐。于是刘恒马上宣布，赏赐陈平黄金千斤，增加封地三百户作为补偿。

陈平的问题解决了，紧接着就是另一个大功臣周勃了。

对话中分优劣

对于周勃，刘恒的脸色就没那么好啦，老实说，让周勃当右丞相，刘恒心里还真是不愿意，可是不让他当的话，又没有人镇得住这一大帮子人啊？没有办法，只好暂且忍气吞声。

没过多久，刘恒就想到了一个让周勃难堪的主意。有一天上朝的时候，各位大臣提出的政事都处理完毕了，大家也都散了，刘恒让左右丞相留下来，留下来干什么呢？打算给他们开个小灶。于是刘恒很诚恳地问周勃："周丞相，朕想请教你一下，这天下一年大概总共要判多少起案子呀？"

不出刘恒所料，大老粗周勃当即傻眼。周勃，一个织箥席出身的粗人，让他砍砍杀杀还在行，这个算盘他还真玩不来，再说了，这些事情是他关心的吗？报表审计的事情自有手下众多的胥吏去办，就算看过报表，咱周老伯一把年纪了，也懒得去记这个数字呀，结果就是，周勃摇摇头，说不知道。刘恒心里暗笑了一声，他还不满足，于是紧接着追问道："那么全年的钱谷收入和支出究竟是多少呢？"

周勃又傻眼了，他真的还是不知道，于是晃晃脑袋说："臣该死，臣不知道。"（同时汗流浃背，惶恐万分。）

刘恒心里再次暗笑，于是转头问陈平。陈平是谁，简直就是天朝第一心理学家，只见陈平不慌不忙，胸有成竹地回答："陛下，这些事情都有专门的官吏掌管啊。"刘恒说："哦，是嘛？那是哪些人掌管的呀？"

陈平回答："陛下，您如果想知道国家一年判多少案件，应该去问廷尉；倘若您想知道全国全年的钱谷出入情况，应该问农业部长兼财政部长。"

关键问题来了，刘恒马上客气地说："这些事都有专门的人进行管理，那么要你这个丞相干什么呢？"

陈平马上不紧不慢地说："陛下，丞相这个职务，往上是帮助皇帝调理阴阳，理顺四季；往下，是让天下万物各得其所的；对外，则是镇压或者辅助四方诸侯；对内，则是让百姓亲附，使卿大夫个个尽心尽职——丞相可不是用来管理断案、钱谷那些鸡毛蒜皮的小事啊，丞相是作统筹事务的。如果陛下觉得哪个官员不合格，那就是丞相的责任了。"

陈平的对答得到了皇帝的好评。旁边的周勃羞愧得无地自容。

等他俩退出之后，在一个偏僻无人处，周勃拉着陈平埋怨道："你小子，太不够哥们了，咋就不早点把这些教给我，搞得我今天丢脸。"

陈平心里也暗笑了一下，回答道："对不起，兄弟！我也实在是冤枉呀，代替你回答了这么多的问题，还要挨你训。你坐在右丞相这个位置上，我本来还以为你早就知道自己该管什么了。没想到你——不是我说你，周勃，断案和钱谷这种事，你竟会觉得是自己应该管的？倘若真是这样的话，只怕鸡毛蒜皮的事情实在数不胜数，你有一百个脑袋也不顶用。我不妨把问题的关键告诉你，就拿今天来说吧，即便你把前面两个数据都记了下来，皇帝接着再问你长安有多少盗贼，你又怎么回答呢？人家真要折腾你，这种莫名其妙的问题太多了！"

周勃在陈平的教育下，又长了见识。想来自己也真是个大老粗，没什么值得骄傲的，管理天下还得要有文化啊，关键是要学好心理学知识。我周勃既然文化水平与心理素质远不如陈平，皇帝也不待见我，我还是让贤好了。

周勃正在翻来覆去地思索着，有个门客出来讲话了。门客给他分析道："君侯您诛杀了吕氏，迎立当今皇帝，立下了大功，可谓威震天下。皇帝给君侯那么大的奖励和那么丰厚的赏赐，你以为他只是感激吗？皇帝是希望安抚你呀，赏赐越多，说明皇帝越对你不放心。君侯你却一点都不知道谦让，赏官就当官，赏钱就去领钱，这恐怕不妥？要知道，功高震主，反而容易生祸患呀。"

周勃听门客这么一说，大长见识，本来心里就有点儿不踏实的周勃心想，自己虽然说功劳很大，但是毕竟已经做到右丞相，再赏赐也赏不出什么花样。我跟着高祖皇帝打天下，也经历了不少的风霜雪雨，皇帝如今这么疯狂地进行赏赐，肯定说明他自己心里特别虚，没有底，怕别人造反，因此迫切希望自己威名远扬。怕谁造反呢？不是功臣就是其他刘氏弟兄。功臣不就我和陈平两个主力吗？当日政变时，北军被自己一个人就策反了，皇帝能对自己放心吗？要不然怎么会无缘无故地把陈平的右丞相给罢免，让自己做右丞相呢？

政治上这点事情真是太难懂了，立功得赏如此复杂不说，居然深藏祸患，这一想，周勃冷汗直冒，照门客如此说来，我的小命都难保了呀。罢了，我也称病，先休整休整，待时机来了再做打算。于是，周勃上了一道奏折声称年老病重，要辞掉相位。到手的高官说辞就辞了，还真是万不得已呀！

也许周勃在心里还留有一丝希冀，以为皇帝可能会挽留他，毕竟他也确实没有做什么不得当的事情呀。不曾想刘恒一接到奏折，马上批准——还是让陈平当右丞相吧。

周勃的感慨

文帝二年，陈平病死。

这么大的国家、这么多事，请谁来管呢？汉文帝刘恒想来想去，还是去找周勃吧，他为人厚道，也不拉帮结派，曾经主动辞去高官厚禄。于是，周勃又得到了重用，担任丞相一职。

说来，周勃还真是跟着陈平学聪明了不少，以退为进，他知道陈平挺不了多久，自己辞职一来可以避免皇帝的猜忌，二来等陈平死了，马上能够被任用，也不耽误前程。

刘恒已经当了四年的皇帝了。话说做一件事情四年了，熟练程度该是比较高了。刘恒兢兢业业四年，终于称得上是基本巩固了朝廷的局势，自己多方面的素质都得到了质的飞跃。处理国事家事均得心应手。

既然如此，绛侯周勃出来接招吧。

接下来就出现了上面所说的贾谊事件，为了便于大家理解，我把那段历史放在前面介绍了。

大致就是贾谊给刘恒出了个主意，让各个封国的诸侯都回自己的地盘去，别都留在首都，这当然触犯了这些诸侯的利益，先是以周勃为首不从，后来还是乖乖就范。

周勃自从回到封地绛国之后，一直非常惶恐，功高震主的人，能有什么好下场呢？刘恒可不是省油的灯啊，他是那样勤勤恳恳，步步为营。但是就这样放下一切权力，回家养老，周勃实在也不甘心。

在朝一日，自己手里还有点儿权力、身边还有几个帮手，可是孤身一人回到封地去，说不定哪天皇帝心血来潮或者听信哪个长舌闹事者说了几句，杀心顿起，随便给你安个罪名，把你杀了也不无可能。

功臣是干什么的？用来安邦定国的，如今国家安定了，功臣就是用来给他人嫉妒、让皇帝疑心的。

周勃越想越不对劲、越想越怕，所以在日常生活中，周勃将安全问题放在第一位，安保工作做得非常严密。总之就像一只惊弓之鸟，生活质量大幅度降低，也没有什么幸福感可言。具体表现在每次河东太守和都尉来巡视绛国的时候，周勃就很惊慌。他总是怀疑这些人是汉文帝派来杀他的。

周勃的封地绛县是个侯国，是河东郡的管辖范围。按照规矩，郡太守和都尉每年都要定时到自己所管辖的县邑巡视，考察地方官的政绩，还可以顺便断几件拦路告状的冤案。周勃是绛县名义上的统帅，每次那些太守和都尉来了绛县，必定客客气气地盛装前来拜访他。周勃却总是怕自己被刘恒嫉恨，怕被这些官员诱斩，所以为了安全起见，每次见面周勃都如临大敌，郑重其事地披上重甲，同时命令奴仆们全副武装，警惕地环卫四周。

周勃这样一折腾，有点"此地无银三百两"。

那些拜见他的太守和都尉们在刀光剑影下和这位身穿盔甲的老侯爷小心谨慎地吃酒聊天，心里那个别扭就别提了，心情当然不会好。

结果，周勃的自我防卫被人上书给刘恒，告发周勃有意谋反，当然，告他的人是这么想的，我告你谋反，那我算是揭发有功了，这是个只需要动动笔头就能拿奖金的活计，换谁都愿意干！

要说，告发者也不是无中生有，哪有这么招待贵客的呀，喝个接风酒而已嘛，居然搞成如上战场的架势，从表面上来看，周勃确实像造反。

周勃要造反的告发信送到刘恒手里的时候，深居皇宫的刘恒立刻欢喜得不行。这就怪了，功高权重的周勃要造反，刘恒的喜悦从何而来呢？刘恒的回答是：等的就是你造反！他早就巴不得有人告发周勃了，这个状纸一到，刘恒马上派兵去抓周勃。

该来的到底是来了。唉，人生就是这么奇怪，人的意志就有这么神奇，周勃还真是怕什么来什么，而这个所谓的"什么"，说不好还真是周勃自己盼来的，当初他不这样想，不那样搞接待，也许就没有今天的逮捕。现在说这些都无关紧要了，逮捕的队伍已经到家门口了。或许这样的情景在周勃的梦里出现过千百回了，今天终于算是梦想成真了。也许周勃起过"老子和你们拼了"的愚蠢念头，但想想，那样不就正中了刘恒的下怀么，除了死路一条，估计没有别的变故了。所幸周勃不算太傻，他最终没有拒捕，老老实实地坐上特制的囚车，被运到长安，关进廷尉牢房。

既然周勃如今已经是谋反分子，自然是不能轻易被皇上接见的啦，皇上是唯恐避之不及。所以周勃被捕时还想到京城好好跟皇帝解释，但现在已经没有机会了。

一到京城，周勃就被关进了大牢，进了牢房就得天天受审讯，周勃当年也是大兵出身，无论是在战场还是政治场合，都堪称打了一辈子胜仗，从来都是他审问别人，断没有别人审问他的道理。所以一开始，这角色转换也有点儿难度。

周勃天天坐在牢房里，痴痴呆呆地看着囚窗外的树叶，神情变得恍惚起来，就像一只待宰的羔羊，他早知道主人要杀他了，左等右等，终于被牵往屠宰场了，求生的欲望和求死的解脱一起折磨着他，他能神志清醒吗？神志不清的周勃如今就是那只待宰的羔羊，神情恍惚的他在狱中回答狱吏的问话也是驴唇不对马嘴。狱吏们是何许人也，他们能有多大学问呀。即便很多人都还记得这个神武的周勃曾经飞黄腾达过，但大多数目光短浅的人只会这样想：周老头，你活到头啦！于是对着他作威作福，没有现实的好处谁的账也不买，周勃自然没有得到好脸色。

久经沙场就是久经沙场，周勃在监狱坐得久了，慢慢就适应了这里的环境。等他一旦将自己的角色转换过来后，智力也逐渐恢复正常了，在又一次审问时，周勃赶忙许诺拿出千金（一千万钱）送给狱吏。一千万钱是多大的诱惑呀，狱吏一辈子也花不完。因此狱吏看到周勃终于开窍后，马上喜笑颜开。想收许诺金得把事情办好才能兑现，毕竟周勃人现在在牢房里，许诺归许诺，诺言的兑现必须靠大家的努力。狱吏很讲义气，收钱就办事，他马上在文书简牍的背面写上一行字，暗示周勃：找公主帮忙！

这里狱吏说的公主，就是汉文帝的女儿，也就是周勃的儿子周胜之的夫人。得到贵人点拨的周勃马上托狱吏送信给儿媳妇：速来救公公！

然而这着儿似乎并不管用，原来这个公主和周胜之的夫妻关系很差，当时正在忙着闹离婚呢，根本没有心情管周勃的事。周勃的钱算是扔水里听了个响。不过这当然不能怪狱吏，公主家夫妻关系不好闹矛盾，小小一个狱吏怎么会知道呢？怪只怪当日的娱乐业不发达，狗仔队不敬业，或者是皇宫秘闻管理太严格。

儿子儿媳两人闹矛盾是可以理解的，但是老爹这命还是非常重要。或许是狱吏的主意启发了周勃，激发了他的求生欲望，一计不成再生一计。

要说周勃还是相当有远见的，当年刘恒为了笼络人心，不是要给周勃增加封地么，周勃特别讲义气，全部转送给好兄弟薄昭了，所以他和薄昭的关系向来很好。现在铁哥们下狱，薄昭当然不会冷眼旁观，于是就去向妹妹薄太后求情。女人嘛，向来是顾念娘家人的。薄太后也不例外，她一听哥哥为周勃的事伤心地前来哭诉，当即勃然大怒，命令左右："把刘恒那个不孝子给我叫过来！"

刘恒是出了名的孝子，从小与薄太后相依为命，如今一听说太后盛怒，叫他过去，马上跑到长乐宫来拜见。薄太后见了刘恒，气得不得了，也顾不得形象问题了，一把将自己的头巾狠狠地从头上揪下来，嗖的一声就向刘恒扔过去，嘴里大骂道："你这个畜生，我白养你啦！谁让你这么乱来的？你说周勃造反，那简直就是荒谬透顶。想当年周勃官为太尉，手握着北军军权，可谓是威震天下，他不在那个时候造反，如今孤独地躲在一个小县城，反而造起反来，你长没长脑子呀？"

刘恒被薄太后这一阵狂风骤雨般的乱骂吓得不轻，娘您千万不要如此悲愤呀，于是赶忙跪下请罪，解释说自己也是不相信周勃会反，只是误听人言，请周勃前来把话讲清楚。现在案子已经审理完毕，的确是捕风捉影，马上就可以放出来了。为了表明自己的诚意，刘恒当即命人持着节信去廷尉狱中赦免周勃，并承诺他的爵位不变，薄太后想想也还不错，于是作罢。

周勃莫名其妙地入狱，又莫名其妙地被放出来，仰头看看京城上空火辣辣肆虐的太阳，他深深地感觉到，很多事情已经离他很远很远了，他也终于发现，长安的太阳和几年前已经不一样了，他和与他的那些开国功臣兄弟们的时代已经一去不返了。如今的长安，是新的皇帝和新的文法吏的天下。周勃如今能做到的，就是摸摸自己的脑袋，对着天空感叹："想当年，我打了无数的仗，曾经手握百万重兵，哪里想得到如今连一个小小的狱吏居然也可以如此这般地在我面前耍威风！"

刘恒虽然没有杀掉周勃，但是严重挫伤了周勃的精神。自此以后，周勃再没有什么声响，或许是完全灰心丧气，只想着夹着尾巴安度余生，或许是看破红尘，只求平安老死，反正从此以后，在汉朝政治史上，再也不见了周勃的踪迹。

既然我将陈平和周勃两人安排在这章节落幕，那么就在此给这一文一武两位英雄人物做个评价吧！

陈平，一个足智多谋的智者，一个顺时而动的政治英雄！

在汉朝初年，大部分功臣相继倒下，而他运用自己的智谋挺到了最后，并且得以善终。他并非刘邦嫡系，但却比刘邦嫡系活得精彩。

在中国历史上，开国功臣中能善终的人屈指可数，而陈平就是其中一个，并且在这屈指可数的人里，他的排名还是比较靠前的。

陈平身上体现了中国政治家的胸怀和谋略，战争年代，能运筹帷幄于千里之外；和平年代，能在复杂的政治斗争中选择正确的立场，保全自己；身居要位之时，能洞察秋毫全身而退……

没有博大的胸怀和高超的政治修养，就难以有如此完美的结局。

陈平所表现出来的政治智慧至今依然散发着诱人的光芒，指引后来者前进！

周勃，武将中的政治家，这点从他能够善终可以看出。

在封建社会，打天下时的皇帝很倚重武将，那时是武将的天下。得到天下后，这些人却又成为皇帝的心腹大患。

武将的角色会随着时代的变革而转换，所以，开国功臣中能善终的武将少之又少，周勃就是其中之一。如果没有政治修养，他不可能成为这少之又少中的一位。

他懂得进退，知道高低，识时务。

政坛上风起云涌，任何一个人都不可能永远屹立不倒。你方唱罢我登场，是这个舞台的常态，是客观规律。

所以，只有懂得进退的人，才是这个舞台上的好演员。

周勃和陈平，都是好演员。

历史原来这么有趣·汉朝卷——后刘邦时代

第八章　兄弟不相容

刘长的出身

陈平、周勃的时代相继落幕，朝廷政权已牢牢地被刘恒捏在手心，处理完了朝廷的事情，该留意一下诸侯们了！

刘恒把目光瞄准了淮南王刘长。好兄弟，你真不听话呀！

这个刘长，身世也是很传奇的。

按照排序，刘长是刘邦最小的儿子，他的母亲非但不是皇宫里的人，而且出身低微，具体怎么低微呢？难以考察，因为她连个名字都没留下。

史料上记载，刘长的母亲是真定（今河北正定）人，姓赵，曾是赵王张敖的美人。这里的美人不是说长的美，而是职称。做的是宫女的活儿。不知道她是因为做了赵王的美人而姓赵还是本家就姓赵，反正，有一天，这个赵美人很幸运，被皇帝刘邦临幸了。这是汉八年的时候，刘邦巡行赵国，皇帝来视察，张敖受宠若惊，为了表达忠心，深知刘邦喜好的张敖就把这位赵美人送给了刘邦，就这一回，赵美人就有了身孕。

刘邦是皇帝，他到一个地方搞风流活动，那就是临幸，临幸完毕，拍拍屁股就走人，谁敢说要他负什么责任？他需要负什么责任？所以刘邦可能出了房门，还记得这位赵美人的倾国之色，一回到皇宫，很快就忘了这回事。毕竟，那里有三千佳丽在等着他临幸，有吕后在监管，有大把的国家大事等着他处理，他没空去想这个女人。

所谓贵人多忘事，原因就在此。可是赵王张敖却不能大意，他听说这位赵美人怀了刘邦的孩子，那还了得，怀有龙种的美人，放哪里好呢？收进自己的宫中，那是万万不可的，怀了龙种的就是皇帝的女人了呀，将来生的就是王子，招待不周到的话，保不准出什么事情。他特意在宫外择地给赵美人建造了一个豪华的宫殿，而且百依百顺地侍候着她，等这个孩子长大了，说不定还能当上皇帝呢！

再说，现在好好伺侯，大小是个王子，有多少人想巴结还没机会呢！

茅厕里的谋反

很多事情，计划得很好，结果却很让人失望。

很快张敖就失望了！

赵美人怀了龙种没过多久，赵王张敖就因为被皇宫里的人怀疑造反，开始倒霉了。

说起来，张敖真的很冤枉。造反的事，张敖完全不知情，全是张敖的手下贯高、赵午两人在那里折腾。贯高和赵午为什么要这么做呢？其实也就是一个文化差异的问题，讲明确一点儿，就是一个礼数差异的问题。他们的造反理由很简单：刘邦为人太傲慢，侮辱了我们的王，我们很生气、很愤怒。

有些时候，真是"皇帝不急太监急"，身边要是多几个这种迂腐之人，大好前程也就葬送了。

张敖就是这么被这俩人给连累死的！

刘邦本来就是小混混出身，满身地痞习气，有时候见了熟人还来点匪气，自从当了皇帝以后，那更是把谁都不放在眼里。但是他有一个特别好的优点，就是从来不吝惜与伙伴们同享富贵，谁要肯用心给他好好办事，肯定会有好处。况且他是一个乡村地痞流氓出身，见面就骂娘是一个由来已久的习惯，这对于那帮老朋友来说，反而让人觉得亲密无间。

据说他们当时好像都挺流行这套，能够互相捶胸顿足开口骂娘的人才是真心实意的铁哥们，大家都遵从"打是疼，骂是爱"的信条，要是俩人本来见面就骂娘，突然互相恭敬起来，只能说明一件事，这俩人生疏了！

熟悉刘邦的部下倒也习惯了他这套作风，被骂了娘还感到无上光荣。皇帝肯跟自己嘻嘻哈哈，嬉笑怒骂，那是说明这个主子完全把自己当兄弟，那是看得起自己。但是很不幸，我们忠心护主的贯高和赵午对刘邦的"温柔"完全不懂，这不打紧，关键是，他们还从反方向理解这些举动。所以说，开玩笑也要看场合，即便你是天下第一号人物，也是要讲究礼节。

刘邦来到赵国，贯高、赵午在一旁看见刘邦对自己的主子张敖又是颐指气使，又是嬉笑怒骂，一点儿也不客气；而张敖却愈加恭顺，时时刻刻小心陪着。他们愤怒了，叹气道："赵王，真是个懦弱的王啊！"

士可杀，不可辱！

张敖是他们的主子，侮辱张敖就是侮辱他们自己，贯高、赵午要发飙了。

发飙后怎么办？反了你，粗俗无礼的莽夫！

于是两个人跑到张敖面前表忠心："大王，皇帝那个混球把您当奴仆一样对待，指手画脚没一点儿礼貌，我们实在看不下去了，我们合计了一下，干脆反了吧？"

张敖当时还是个年轻小伙子，一听部下提到谋反，当时就吓傻了："我爹爹（张耳）国破家亡，多亏了皇帝陛下帮助我爹爹复国，才能保有今天的基业。我现在享受的每一样东西都是皇帝陛下赐给我的呀，我怎么能去做那种犯上作乱的事情呢？不可，不可，万万不可啊！"

贯高等人很羞惭，很遗憾，道："看来是我们自己找错人了。我们的王是长者，断不肯背弃恩德。但我们这些人却不能忍受耻辱，如今是我们要杀皇上，那又何必把我们的王扯进来呢？谋反也不是闹着玩的事情，那是要付出代价、承担风险的呀。我们的王这么仁厚，如果造反成功，成果一定归我们的王享有；倘若失败，要杀要剐，我们一肩挑起。"

很快，贯高等人经过特殊渠道得到消息，刘邦会在柏人（今河北隆尧西）留宿一夜，于是他们赶到柏人县刘邦钦定的厕所里秘密布置下武林高手，想想刘邦这人那么爱吹牛、喝酒，半夜肯定会上厕所的，皇帝上厕所不至于把文武大将随行人员全部叫醒陪伴吧，茅厕是最佳刺杀场所。

万事俱备，只欠东风。

刘邦路过柏人县时，不知道怎么着，突然问了一句："我们留宿的地方叫什么名字？"随从人员回答："陛下，这个地方叫柏人。"刘邦脑子里马上出现了神奇的第六感，嘟囔道："柏人者，迫于人也（柏和迫古音很相近），我怎么觉得这个地方很邪门呢，我可不想在这里受到压迫。"于是，刘邦一行临时改变了在柏人留宿的主意，如有神助的他命令车队马不停蹄，到下一个县邑再歇宿。于是，贯高安排的武林高手在茅厕里空等了一夜。

既然刺杀事件没有发生，皇帝没有察觉，这件事过去也就罢了，可是不巧得很，机密被某人泄露了。过了几个月，贯高有个仇家辗转知道了这个阴谋，大喜，马上上书告发。那还得了，居然胆敢刺杀皇帝，刘邦愤怒至极，立即下令将赵王张敖一家以及贯高、赵午等全部抓来，严刑拷打。

事情的进展对赵王张敖真是不利，自己的手下人刺杀皇帝，虽然不是自己刺杀，但是手下人确实是因为自己而去刺杀皇帝的呀，怎么能洗脱嫌疑呢？辗转来辗转去，吕后来为这个得意的女婿求情啦，贯高也一口咬定是自己的馊主意，完全不关张敖的事。

最后，体无完肤的贯高对前来审问的泄公长叹一声："就人情来说，谁不疼爱自己的父母妻子？如今我的三族都要因此被处以极刑，难道我对我们王的感情能超过我对自己家人的感情吗？只不过我们的王确实没有想造反，都是我们几个密谋做的。"接着把事情的经过全部告诉泄公。

泄公当即回报刘邦，刘邦听此言论，嗟叹不已，命令释放张敖，但是为了惩罚他管教部下不严，废他为宣平侯，改封自己的儿子如意为赵王，张敖终于免于一死。

这个赵王因为谋反嫌疑被捕，他的所有家族照例都遭受了牵连，那位怀上了龙种的赵美人现在还被张敖侍奉着，当然也被捕入狱，就近关进了河内郡的监狱里。

他在牢里出生

赵美人被关进了监狱，家人着急得不行，本想着怀了龙种，盼着飞上枝头做凤凰，哪曾想遭此厄运，不行，只要有一丝希望在，就不能放弃，一定要让龙种生出来，活下去！

但是问题真的很严峻，刺杀皇帝是什么行为呀？刘邦自身安危都受到威胁，他能轻易罢休？你说你肚子里是龙种就是龙种呀？再说了，就算你肚子里怀着龙种，我也不缺你这一个龙种，我家的老婆儿子多了去啦，你一个反贼家里怀上的孩子，没准也沾上了反叛的习气，是我儿子又怎么样？我儿子想杀我我照样灭了他。

身在监狱的赵美人有着很强的求生欲望，支撑她挺过难关的就是自己肚子里的这个龙子，一定要让孩子活下去！虽然身在监狱，与外面联系不便，也不认识什么能在皇帝面前讲得上话的重要人物，更谈不上自己去跟刘邦诉苦，但是，母爱的力量是无穷的，爱可以创造奇迹。

赵美人的同胞弟弟赵兼也真是个有办法的人，他居然辗转找到了辟阳侯审食其的府上。审食其是谁呀？吕后身边的大红人，让他去请求吕后，为赵美人求情，应该还是大有希望的，毕竟，吕后在刘邦面前是能讲上话的。

这个审食其到底去跟吕后说了什么，我们难以预料。反正，结果不佳，不知是因为审食其有负所托，还是吕后本来就对刘邦四处临幸美人感到不满，心中醋海汹涌。反正赵美人最后是孤苦地在狱中生下儿子之后，后来不甘忍受屈辱与刑罚，自杀身亡。

当地官吏当然还是不敢怠慢的，大家都说赵美人怀的是龙种，现在这个孩子生下来了，母亲自杀了，可如何是好呢？谁猜得透皇帝的心思呀，万不能让他以为我们把孩子的母亲折磨死了呀，于是赶紧把这个儿子送到长安奏报刘邦。刘邦听说有人把自己的私生子送来了，真为自己的粗心大意后悔，料想也没人敢骗他，就干脆地认了这个监狱中出生的孩子，还给这个孩子取名叫刘长，让吕后来抚养他。说起来，刘邦对这个孤苦的小儿子还是很重视很宠爱的，后来把他封为淮南王。

吕后虽然以嫉妒著称，但既然孩子他娘赵美人已经自行了断了，妒忌已经没有了明确的目标，自己的孩子也不多，抚养一个没人疼没人撑腰的小王子，也不失为增强自身实力的好法子，因此吕后对刘长还是很好的。事实可以证明这一点，刘邦驾崩，吕后执政的时候，不是三个赵王都死于非命吗，但刘长却什么事情也没有，安然无恙地享受味食佳肴。

人就有这么奇怪，按说吕后对刘长多少是有点儿恩情了，在襁褓中就开始照顾他，那么多场血雨腥风，还是让他平平安安活下来了，吕后之疼惜自不待说，可是刘长并不满足，吕后对我再好，也没有我自己的母亲好，想当日，我母亲关在牢房的时候，吕后干吗去啦？托了审食其来找人，审食其又干什么去啦？就凭你们的私情，也是可以把我母亲救出来的，反正你们都是见死不救的坏东西。吕后对我有恩，死得也早，因此，刘长将心中的仇恨一股脑儿全发泄到审食其头上，说来说去，到底就是辟阳侯害死了自己的母亲。

这种怨恨说起来也没有什么道理，那时候政治斗争多么激烈啊，谁知道赵王家到底会受到怎样的处罚，况且吕后也确实为张敖求情了。只不过刘长这个王子自幼丧母，可能性格有点儿偏执，特别不讲理，反正他的逻辑就是：吕后当初之所以不救自己的母亲，就是因为当年辟阳侯审食其向吕后请求时没有竭尽全力。碰到刘长这样的偏执狂，精明一世的审食其也只能自认倒霉了。凭空又多出一个冤家来，更不想这个冤家还是个惹是生非的高手。

刘长的报复

吕后在世的时候，刘长还颇为老实，有气只敢出在自己家的奴仆身上，不敢对辟阳侯审食其怎么样。待到刘恒即位，刘长立马也长了精神：如今算是自己和皇帝的血缘关系最密切了，刘恒哥哥无论如何也会帮着我的。凭什么？到这个分上，刘邦的儿子差不多都死绝了，就剩下刘恒和刘长。事实上，刘恒也很看重这份兄弟情，刘长脾性实在是差劲，屡次犯法，但是刘恒碍于他是自己唯一的亲弟弟，对他的错误只是睁一只眼闭一只眼。而刘长每年从封地入朝拜见的时候，刘恒还给予他特殊待遇，让他和自己一起坐车出去狩猎。

　　两兄弟共同捍卫刘氏江山是多么好的事情啊，怪只怪吕后教子无方，把这个自幼丧母的刘长教育得特别张狂，如今有了皇帝哥哥的关照，他越发觉得天不怕地不怕了，平常开口闭口称汉文帝刘恒为"大兄"，这在当时是很不合规矩。刘恒虽然是他哥哥，但毕竟是名正言顺的皇帝，普通老百姓有家人之礼，但皇帝的身份太特殊了，一举一动都关系着天下大计，家事就是公事。所以刘恒也挺烦他，但碍于自己顶着明君的头衔，不但要孝，而且要悌，于是强忍着不快和他虚与委蛇。我叫你"大兄"你没有反对，那我就当你默许了，刘长越发得意。

　　一天，刘长闲来无事，又想起自己的母亲来，一想起母亲当然就是想到她在狱中自杀，然后追究到自杀的理由，于是审食其就出现在他的脑海里。一朝囚徒一朝天子，如今皇帝是我大兄，我还怕谁呢？于是，刘长擅自跑到辟阳侯审食其的府上请安，审食其正在纳闷太阳从西边出来了，没想到这个当年在监狱中出生的小王子趁他不注意，突然从袖子里抽出一个事先准备好的铁锥，在他脑袋上猛地一击，审食其年纪也大了，反应哪有这么快，当即倒在血泊中抽搐起来。刘长毫不含糊，他二话不说，蹲下来把审食其的首级割下，一会儿工夫就跑到未央宫阙门下肉袒谢罪。何为"肉袒谢罪"，就是光着身子，坦陈自己的过错，类似负荆请罪。可是刘长没有什么诚意，也就是说，他很假，刚刚把人家暗杀了，又马不停蹄地跑到宫里请罪，还谢什么罪呀？

　　擅自杀功臣，这是可以闹着玩的事情吗？幸好刘恒对审食其也没有什么好感。自楚汉相争吕后被项羽抓去做人质开始，审食其一直是吕后的心腹，野史则称他为吕后的情人。后来审食其当了郎中令，出入代表吕后传诏，几乎完全架空了丞相，让陈平等人嫉恨得牙根痒痒，虽然他时不时也给大家调整一下情绪，做个中间人调解一下矛盾，但朝臣们还是不能真心实意地喜欢他。如今他死了，也可谓是大快人心的事情。所以刘恒顶住巨大压力，又一次赦免了刘长。事情发生了，虽然大事化小小事化了，但是我们还是不能当它没有发生过。刘长如此嚣张，胆敢随便杀害功臣，保不准哪天也会欺负到自己头上来。从此之后，薄太后、皇太子和群臣们都对刘长非常忌惮。

教室的墙壁上经常会贴着名言警句：谦虚使人进步，骄傲使人落后。这里一般说的是个人的学习成绩，但是在权力之巅骄傲，就不是进步和落后的区别了。落后，就意味着死亡。可是刘长他什么也没有觉察到，他在跟皇帝哥哥闹着玩！

可是刘长忽略了一个问题，政治家之间是没有玩笑的。

一封意味深远的信

回到淮南国中，刘长更是趾高气扬，仿佛自己是万人之上了，这不，皇帝哥哥也奈何不了我呀！于是干脆把自己的出入称为"警跸"，发命令则称"制诏"，大张旗鼓地摆起了天子的架势，哥哥会帮着，什么事情也没有。

在皇帝哥哥的纵容下，刘长愈加嚣张，他自己制定了封国的法律，把汉朝派遣来的官吏全部赶走，并且上书请求，由自己任命二千石的官员。刘恒接到请求后很吃惊，但是迟疑一段时间后，他就大度地答应了。

弟弟总有长大的一天吧，刘恒这样想着。但是情况发展得很不尽如人意，刘长自作主张的事情愈来愈多，事情终于发展到一个异常尴尬的阶段，刘恒深深地觉得，自己应该表明一下态度了，这个弟弟简直太无法无天。刘恒的这种态度可能会产生如下两种后果。

一是刘长从此洗心革面，改邪归正，低调做人。

二是刘长觉得自己受到大兄的猜忌，心生怨恨，搞不好脑子一热，狗急跳墙，想谋反。

刘恒其实将这两种后果都预料到了，早就准备好兵来将挡，水来土掩。于是，刘恒很慎重地交给舅舅薄昭一个任务：让他给刘长写一封信。

根据刘恒的意思，薄昭的信是这么写的。

我听说大王您性情刚猛，慈惠忠厚，为人守信，做事果断，这都是上天赋予大王的资质，大王本当好好爱惜，可是如今大王您的所作所为，却辜负了自己美好的天资，实在可惜得很！皇帝陛下刚即位的时候，就想把封在淮南国内的三个列侯的县邑迁出淮南，大王您不肯，皇帝还是迁出了，大王因此多得了三个县邑的税收，可见，皇帝陛下待大王真是不薄呀！大王您以前没有见过皇帝陛下，后来到长安朝见，却突然杀害了辟阳侯审食其，皇帝宽宏大量，顶住压力，仍旧赦免了大王，待大王您不薄呀！按照汉朝的法律，诸侯王国内的二千石以上官员，都应该由汉朝政府进行委派，而大王您却把汉朝委派的官员全部赶走，自己任命官吏，皇帝陛下仍旧委曲求全，答应了大王，待大王算是不薄吧？大王想抛弃王位，以百姓身份去真定为自己的母亲守墓，皇帝不许，使大王没有失掉南面称王的尊贵，待大王不薄吧？皇帝陛下对大王可谓仁至义尽，大王您理应奉公守法，报答皇帝的厚恩，如今却频频行为失检，让天下人耻笑，这实在是很不应该的呀！

大王您的王位本是来自于高祖皇帝的浴血奋战，应该好好珍惜，您的行事却几次三番不符合规矩礼法，皇帝陛下一直为大王感到担心忧虑。想当年，周公诛杀管叔，流放蔡叔，使周朝得到稳定；齐桓公杀了自己的弟弟，才能回国即位；秦始皇杀了两弟，流放了自己的亲生母亲，秦国最终得以安宁。这样的例子，近代也有，高祖皇帝的哥哥代顷王刘喜惧怕匈奴，逃亡长安，被高祖皇帝废黜了王位；济北王刘兴居举兵造反，当今皇帝发兵诛灭，汉朝因此大安。所以说，做天子的人必须为国家社稷的安危着想，不可能一味顾及亲情。大王您倚仗自己是当今皇帝的弟弟，自以为是，不服汉法，这样的行为是没有好下场的。大王您还收留了很多亡命之徒，其实这些事情皇帝陛下都知道得一清二楚，大王您如果要改正错误，现在还是来得及，亡羊补牢，为时未晚。倘若一意孤行，后果必定不堪设想。倘若您最终逼得皇帝陛下下诏逮捕您，将大王您的手下官吏妻妾全部治罪，大王的脸面何存，必定为天下人耻笑。还望大王三思。

鄙人斗胆给大王您提个建议：现在赶快上书谢罪，改过从善，皇帝陛下才会高兴。如此一来，大王的江山才会和汉朝一样永保安宁，这不是两全其美的事吗？事不宜迟，大王您还是早点决断吧！否则后悔就太晚了。

这封信表面上是以长者的身份来一个谆谆告诫，实际上全文充满了恐吓，当然，人家也不是无中生有，言辞还是很恳切，显然都是刘恒的想法。公平来说，刘恒还是很宅心仁厚，但是既然当了皇帝，不成功，便失败，失败就是死亡。所以该狠的时候不狠，日后必定会使自己顿足后悔。

这封信，司马迁的《史记》上没有，但是《汉书》记载了，班固可能没有司马迁那么桀骜不驯，他是想把它当成刘恒仁厚的证据告诉大家，皇帝刘恒拿弟弟刘长开刀之前，是已经有言在先，并非不教而诛。但是我们从另一个方面来看，也可以说暴露了刘恒的险恶用心：没有这封恐吓信，刘长可能不会想到谋反。他为什么谋反呀，自我感觉良好，衣食无忧，上有皇帝哥哥作靠山，下有一帮奴仆服侍，何苦造反呢？

刘长接到这封信的时候，果然大怒。他一向心高气傲，最主要的是，他认为自己以前的所作所为纯粹是在哥哥面前撒撒娇。自己不是哥哥唯一活着的弟弟吗？哥哥担待些宠爱些不应该吗？谁知道皇帝哥哥根本不吃他这套，居然找来自己的舅舅写信给自己，太让人愤怒了，刘长哪里咽得下这口气呀？恼羞成怒之下，刘长性格中刚猛的一面迅速膨胀起来，越发狂妄起来，一不做，二不休，你说我没大没小是吧？我必须得给你点儿颜色看看才行，都是高祖的儿子，凭什么就你可以当皇帝，可以为所欲为，而我就要听你的命令，唯你马首是瞻呢？

那边刘恒老谋深算着，冷眼观看刘长的下一步棋。刘恒不是奈何不了这个鲁莽无知的弟弟，他只是需要一个确切的证据，置刘长于死地，让他再无翻身的机会。

刘恒的计谋

要么不动手，动手就要将其彻底搞垮！

这就是刘恒的手段，他一直在等待这个弟弟慢慢进入自己设计的圈套，这个圈套就是不断放纵他，直到他玩火自焚，正所谓多行不义必自毙……

机会很快就来了，毕竟以刘长的谋略，跟刘恒斗，实力悬殊太大了，结果基本是没有悬念的。

不久，刘长就派出自己的门客四处活动，首先是和长安的朝臣勾结，然后又派人带着礼物私通匈奴和闽越，早就盯着刘长动向的刘恒大喜！于是立刻下诏逮捕刘长。

官吏们很尽职尽责，将刘长抓捕后，他们经过一番拷问之，联名上奏，要求判决刘长弃市（弃市就是在闹市执行死刑并将犯人暴尸街头的一种刑法）。

可是刘恒很伤心，他下了一封诏书："朕实在不忍心这样判决淮南王，大家不妨再讨论讨论，不知能否轻判？"

很快，有四十三个大臣联合上奏道："按照法律规定，刘长就应该判处弃市。"皇帝哥哥刘恒又批复道："还是赦免刘长的死罪吧，不过王位可以免去。"

官吏们又联名请求："请将刘长流放蜀郡严道（今四川荥经县）的邛邮（今四川荥经县西南）。派遣他的儿子和生了儿子的姬妾跟从他一起去那里居住，县衙为他盖几间房子，每天可以吃三顿（汉代的老百姓一般是只吃两顿）。由政府供给柴火、盐、厨房用具以及床褥。"刘恒一再表示仁慈，批复道："当地县衙每天给刘长供应五斤肉，二斗酒。除了有儿子的姬妾外，其他刘长曾经喜欢的美人和才人也都跟他一起去吧。"

该宽容的宽容，总得找个替罪羊出来平息众怒才行，于是刘恒示意将刘长以前的宠臣门客全部杀死，即刻遣送刘长上路，奔赴流放地，并安排用辎车载送他，同时嘱咐道，沿途所经各县的县衙务必轮流为刘长一行人等提供畜力以及食物。

这回刘长是倒霉了。这个目中无人的狂妄之徒，原先是南面诸侯，在自己国内呼风唤雨还不算，竟跑到皇宫与皇帝哥哥抖威风。没想到姜还是老的辣，皇帝哥哥要么不整你，要整就不给你留后路。

刘长被流放的地方是蜀地的一个少数民族自治县严道（汉代汉人的城邑称县，蛮夷杂处的城邑称道），根据规定，刘长等人只能居住在严道下属的一个叫做邛的山间小邮局。在大城市过惯了，谁愿意去山里当乡下人啊，整天见不到人，说的还都是蛮夷之语。终于，这个不可一世的刘长痛哭流涕地对自己的随行说："谁夸我很刚猛，如果我不是骄傲刚猛，哪里会落到这般田地？"最后他决定了，我不能就这样子被打倒，我必须为自己争取权益。

刘长采用的方法倒是比较平和：绝食。

刘长究竟是不是真心要绝食呢？不知道，因为缺乏证据，这是中国历史上数以亿计的悬案之一。我们现代的科学证实，人不吃饭基本能熬半个月，但若连水也不喝，七天就应该死翘翘了，其他的动物基本也就这个抗饿水平。

回到刘长的问题上来，如果他当真是打定了死的主意，那自然是连水也不要喝了。我们需要注意一点：刘长坐的是辎车，而不是槛车。这为刘长的饿死也埋下了伏笔。

辎车是什么玩意儿？这种车有围屏，上下左右遮蔽得严严实实。据说它的盖是篷式的，人坐在车厢里面，基本是不能左顾右盼，当然外面的风景也看不到了。况且，刘长在众人眼里是个大坏蛋，他坐的辎车当然要特别一点儿，特别在哪里呢？就是外面贴满了封条。沿途县吏看到这个皇帝的弟弟坐着贴上中央封条的辎车，哪里敢打开封条给刘长递送食物啊。于是他们听从皇帝旨意，诚惶诚恐地将食物送给随行人员就万事大吉了。

写到这儿，我们来分析一下刘长当时的心理，我估计刘长并非真的想死，而只是想借绝食为自己争取点权利，哪怕流放到别的地方也好，所以自己放话要绝食。

绝食是一种功效比较慢，又来得及让对方反映的要挟手段。

不想弄假成真，真的没饭吃了。

像这些当王爷的人是很要面子的，即使自己后来很饿，也不可能再对护送自己的人要东西吃，否则"绝食活动"也就成历史笑柄了。

无奈！自己挖了个坑，把自己埋了！

以上是我一家之言，请读者姑且当作辅料看看吧。

就这样，刘长坐着打上封条的辒车，一直走到了雍县（今山西凤翔南），雍县离长安大概两百公里的路程，马车估计要走个十天半月的。最要命的是，刘长流放的时间是十一月份，北风呼呼地刮，雨雪纷纷地下，加之没有食物补充热量，一般人是扛不住的，而桀骜不驯的刘长除了在娘肚子里受过点儿苦以外，从小到大都是锦衣玉食绫罗绸缎的，哪里经得起这般苦楚。所以等到雍县的县吏斗胆打开封条时刘长早已饿死了。于是惊恐的县吏赶忙用快马邮传文书将此事报告给汉文帝刘恒。

如此看来，说刘长自己绝食实在是太牵强了，他的死完全是刘恒有意导致的。倘若刘恒不想杀刘长的话，为什么要给他安排个辒车坐着，更残酷的是，还要在车外加封条，他就不知道一般官吏哪里敢去撕开皇帝要求贴上去的封条呀。所以推理得出，刘恒的目的就是想饿死刘长，为什么如此辗转反复，直接弃市不是就达到目的了吗？况且大臣们都联名上书了好几次——不行。

这就是做了婊子还要立牌坊，想杀人还不能坏了明君的名声！

刘恒一脉能做稳刘邦打下的天下，是有一定能力的。

刘长饿死的消息传到长安，皇帝哥哥刘恒立刻悲痛得不省人事。哥哥当真舍不得弟弟？非也。

从文帝与宠臣袁盎的对话可以看出，刘恒最关心的还是自己的名声。袁盎之前不是就曾劝谏过刘恒："陛下您素来娇惯淮南王，不给他派遣严厉的国相和太傅辅佐，以至于造成今天这个尴尬的局面。淮南王这个人为人相当刚直，现在突然让他遭受这样的凌辱，我实在是担心他遭遇雾露病死（自杀的委婉说法），这样可能使陛下您背负杀弟之名，如何是好呢？"

刘恒当然想到了这一切，但是他怎么会听袁盎的，他巴不得刘长快快死掉，对于这个只会惹是生非、目无法纪的弟弟，他宁愿眼不见为净。话说回来，刘长当真死了，做哥哥的这个悲哀的样子还是要摆出来的，否则怎么表现自己的仁厚与"孝悌"呢？于是，刘长饿死的消息传到长安的时候，刘恒悲痛地对袁盎表示："我真后悔没有听你的话，现在落得个杀弟的恶名，真是后悔莫及啊，唉——事情怎么会发展到这个地步呢？始料未及，始料未及啊！"

袁盎看到刘恒哭丧脸这么说，就知道刘恒等着他为自己正名。于是赶紧拍马屁道："放心吧，陛下你有高世之名三，这件小事是不足矣毁坏您的英明的。"

刘恒很欣慰，马上两眼放光地追问道："哪三条，不妨说来听听。"

袁盎深知其意，马上整理一下思绪，说："当年陛下做代王的时候，太后久病，卧床三年，陛下您连衣带也没有解过，尽心尽力服侍太后，煎好的汤药如果没有经过陛下您亲口尝过，是不会把它献给太后的。臣遥想春秋时的大孝子曾参，他不过是个泥腿子，他都力不能及的事情，陛下您以诸侯王之尊做起来却轻而易举，这难道不伟大吗？这是第一条。

当年诸吕掌权，功臣专制，陛下您从代国来到长安，那个形势可以说是相当凶险，想必就算古代的勇士孟贲、夏育见了，都会脸色惊恐，而陛下您却浑若无事，这难道不光荣吗？这是第二条。

陛下您来到长安时，住在代国驻长安的办事处，群臣要陛下即皇帝位，陛下您朝着西方谦让了三次，朝着南方又谦让了两次，最后在大家的全力支持与鼓励下，方才就位，古代那个叫许由的泥腿子，尧要把天下让给他，他只谦让了一次，就竖子成名了，陛下您却让了五次，这难道不能证明您的品德高尚吗？这是第三条。

如今陛下您并不是真想杀淮南王，只不过是沿路的官吏没有照顾好他，让他饿死了。这跟陛下毫无关系，陛下您也是心有余而力不足啊，有什么可以伤心的呢？"

袁盎很聪明，说得皇帝很满意。

刘恒听完袁盎这番"高世论"之后，马上破涕为笑。既解除了心头之患，又保全了英名。于是，刘恒马上又问袁盎，下一步可怎么办呢？袁盎答："把那些沿途不敦促淮南王吃饭的官吏斩了吧，他们玩忽职守，是该以死谢天下的。可怜的淮南王，就以列侯的礼节好好安葬吧。"

想得真是周到啊，很快，那些沿途的县吏就成为刘恒的替罪羊。

过了两年，刘恒又封刘长的四个儿子全部为列侯，以表示自己的仁厚。虽然如此，民间还是流传这样一首儿歌：一尺布，尚可缝；一斗米，尚可舂；兄弟二人，不相容。

刘恒听到后，叹息道："天下百姓怎么还是认为我贪图淮南王的土地而杀害弟弟呀？"于是，又把城阳王迁徙到淮南，统治淮南原来的土地，表示汉朝并不想据有淮南。几年过后，刘恒干脆把刘长还活着的儿子分别立为淮南王、恒山王和庐江王，忠臣贾谊还曾经为此上书劝谏，说皇帝您千万不要因为爱好虚名而为后世留下祸患。淮南王的儿子一旦当了王，长大后一定会想为父亲报仇，到时给天下带来动荡就不好了。但是刘恒主意已定。

刘恒本以为可以过几天好日子了，可是老天却不给他这个机会。

边疆烽烟又起

搞定了诸侯的事情之后，刘恒正想喘口气，到温柔乡里安宁几天，却不料，北方又出问题了：匈奴右贤王带着他的骑兵，侵扰汉朝的边境北地郡（今甘肃省庆阳西北部），黄河不保也！

这皇帝可真不是人当的，怎么一件大事接着一件大事！

这下该如何是好呢？大家商量来商量去，刘恒思前想后，最后决定：亲征。于是皇帝率领一路人马驾幸甘泉宫（西汉有名的离宫，在今陕西淳化县北），同时派遣丞相灌婴攻击匈奴。等到皇帝大臣们到边疆时，右贤王也抢得差不多了，见到汉兵阵势还真是不小，也不想恋战，目的已达到，抢到了东西就走，于是带着抢掠的物品迅速退回了老窝。

这次皇帝亲征还真是不过瘾，那些匈奴还真是没胆子，一吓就跑了。但是刘恒有觉悟了，他命令手下大肆征发士卒，交给卫将军管辖，加强都城长安的防卫力量。既然大张旗鼓地出来了，吓唬吓唬人就回去的话，实在是意犹未尽，于是刘恒又率领军队顺便到自己的"龙兴之地"，也就是原先代国的太原郡，到现在独立的太原国衣锦还乡，并亲切接见了自己以前在代国的那些官属，带出来的食物和财宝太多，那就多赐些给你们吧，大家在这里保家卫国，多么的不容易呀！

与刘邦当年回到沛县一样，刘恒也给太原国的每户人家都按照一定比例赏赐了牛酒，同时免除了现在国都晋阳（今山西太原）和自己以前当代王时的国都中都（今山西平遥）百姓三年的租税。刘恒这次在太原郡游玩了十多天，才心满意足地离开。仗没打成，回乡给老百姓送点儿人情，也是很快乐的事情。

正当刘恒在太原大肆显摆的时候，住在今山东长清县的济北王刘兴居终于按捺不住他久积的怨气，发兵袭击荥阳（荥阳和济南相距比较远，按照当时的交通工具与信息传递速度，我们可以推算，刘兴居一开始出兵还颇为顺利），刘恒意犹未尽，也顾不得那么多了，立刻下令给丞相灌婴，别追那些匈奴强盗了，回来安内重要。于是马上拜棘蒲侯陈武为大将军，率领十万兵马迎击刘兴居。

刘兴居哪里经得起折腾，胳膊哪里扭得过大腿，很快就兵败被俘，自杀身亡。

刘兴居谋反这件事情又给了刘恒启发，让他不自觉地加强了警惕，他认识到自己以前对待刘兴居这个功臣是不够大方。为了不让其他功臣也生谋反之心，仁慈宽厚的刘恒没有像那些愚蠢的帝王那样，大肆肃反，而是采取了宽容的手段，他是这样想的，也是这样做的。

刘兴居自取灭亡以后，刘恒赦免了一切跟从刘兴居造反的人。

如此看来，秉性仁厚的人就是懂得悲天悯人些，吃得苦中苦的刘恒，到底还是知道，普通士兵，跟谁忠谁，都是混口饭吃而已。

在防备功臣以及诸侯王的斗争中，刘恒继续推行他的仁政，同时考虑到抬高文法吏的权威。

回顾秦朝，当年始皇帝统一天下，文法吏的功劳可真是不小。法家的理念是：天子至高无上，不受法律限制，其他人等，在法律面前一律平等。

"王子犯法与庶民同罪"中是不包括皇帝的，也就是说，除了天子，任何人都要做遵纪守法的好公民。

第八章　兄弟不相容

第九章　张释之来也

从门卫干起的张释之

天下太平啦，现在汉文帝刘恒要贯彻一下法律的执行问题了，关注法律问题，当然就要出来几个好法官，这在当时称为文法吏，说起文法吏，文帝时代的代表人物当属张释之。

先来介绍一下张法官的出身，在那个风起云涌的年代，谁没有点儿背景。

张释之生于南阳郡堵阳县，也算是今天河南方城县的人。这位张释之的具体家道怎么样，我们不妨来考证一下。史料记载，张释之是和他的二哥张仲一起住，没有分家。张家小弟长到一定的岁数了，哥哥估计是做生意也混出了点儿名堂，然后就想着让弟弟可以进政府机关当个公务员，有钱了就想有权嘛，可以理解。哥哥还真是想到做到，很快，就瞅了个空子，花钱把张释之送到长安皇宫里去了，担任郎官。由此我们推算出，这个张哥哥还真不是一般的有钱人，人家不但有钱有门路，肯定还是个有脑子的主，花点儿心思就把个弟弟送到中央去，即便是当门卫，也好歹是高级别的。

说起来，汉代郎官还真是皇宫的门卫，他们的日常工作就是拿着武器在皇宫站岗，该批人员的选拔除了那些依靠家庭接班或者其他关系的列侯子弟之外，有钱人家也可以靠着家里资产的级别进行申请，家产有五百万的人家，就可以申请当常侍郎。经过批准的话，就自备鞍马、绛衣、玉具剑等行头，上班去。有人也许会奇怪，皇宫门卫的服装还要自备呀？是的，所以说，没有钱是当不了大汉王朝的郎官的。那工资待遇怎么样呢？别想了，连套衣服都不发给你，还想着厚禄呀，实话告诉大家，固定薪水——0元。为什么没工资那大家却挤破脑袋呢？当然，咱中央政府也不是一毛不拔的铁公鸡啦，工作餐还是有的，哪天皇帝高兴了，顺手就赏你个金元宝什么的，或者看到哥儿们工作卖力又出色，犒劳犒劳大家。但这个概率很小，皇帝高兴的时候挺多，但让他把注意力转移到郎官的身上，想到你们的难处的时候就少之又少了。

皇帝偶尔给予有限的赏赐，其他一切都得自费，上任时自己买马买剑买衣服，平日里当差还得掏腰包供给官府文书等费用，所以这算来算去，当郎官实在是个亏本的买卖。

既然如此，为什么想当郎官的人仍是趋之若鹜呢？原因就在于，郎官可以接近皇帝，一旦得到皇帝的赏识，就可以青云直上。这就是诱惑。

有的郎官可能确实没多大本事，但是也可以因为熬年限混资历而被提拔为正式的官吏，吃上皇粮，照样可以扬眉吐气。但这种机会不会平均分配，据说有的人熬到头发胡子全白了，还仅是个郎官。话说那位叫冯唐的老先生，就是命途多舛的郎官，他老人家几乎当了一辈子郎官，终于有一次，刘恒发现这位白发飘飘的老人家在宫里值勤，大吃一惊，一番查询下来，最后提拔了他，给予了冯唐先生名垂千古的机会。据《尹湾汉简》记载，许多郎官经过一些年头的折腾，大多还是能够升迁为地方官的，毕竟，给天子当差的人，家境又好，想不有点儿作为都不行。

张释之的命运好不到哪里去，他在宫里当骑郎，一当就是十年。这十年可是不容易，衣服鞋子又要气派又要自备还不发工资，就提供个工作餐，肯定还不能在外面搞兼职，所以，这个生活费问题就麻烦了，不知道别人是怎么活下去的，反正张释之是月月等着哥哥寄钱来——哥哥花钱把弟弟送进皇宫里当差了，还要每个月给弟弟寄钱，而且是高消费，而且一寄就是十年。哥哥辛苦赚到的那点儿家当几乎都要被张释之给败光了，却久久等不到星星点点的升迁机会，最后终于大家都坚持不下去了，嫂嫂首先不乐意，然后哥哥为难极了，张释之也深深地感到憋屈，被皇帝看了十年，什么也没有捞到，没指望了，咱辞职回家做个老百姓吧，不图飞黄腾达了。

正在张释之万念俱灰的时候，终于有伯乐赏识他了，这个伯乐就是袁盎。袁盎平常跟张释之有过接触，对其还是有比较深的了解的，知道他有一些才能，于是找了个机会，上奏刘恒，希望能把张释之留下来，以备长久之用。

刘恒是相当爱才的人，一听到袁盎的举荐，立即召见了张释之。张释之真是激动得不行。接到消息后，张释之那是日思夜想，一定要在皇帝面前好好表现才行，千载难逢的契机呀，一定不能错过。于是，在面见皇帝的时候，张释之满怀激动地将自己准备了好久的华丽说辞全倒了出来，可是刘恒只对他说了这样一句话："你不要跟我说什么大道理，那些我不懂。我是个实在人，你也实在点儿，说些我们现在可以立刻实行的具体事宜，语言最好浅显易懂点儿。"

张释之也是个明白人，琢磨了皇帝十年的脸色了，基本也知道这个人到底怎么样，需要什么。于是，张释之当即改变谈话风格，一切从实际出发，侃侃而谈，他透彻地分析了一些秦朝之所以灭亡，汉朝之所以兴盛的内在规律。皇帝刘恒听着，觉得这个人确实还有些水平，见解独到，一针见血，于是任命张释之为谒者仆射。这个所谓的谒者，其实与郎官的身份差不多，主要是掌管宾客的通报迎送，比如说些太后驾到、皇帝驾到的话语。谒者的头领是仆射，秩级为比千石，他们的主要职责就是随时跟在皇帝身边，提供各种各样的咨询服务。

如今终于成为一个天天跟在皇帝身边的人物，张释之算是熬出了头，而且事物的发展往往遵循马太效应，一顺百顺。很快张释之就碰到了一个露脸的机会。

上林苑里的劝谏

有一天，刘恒心血来潮，想去上林苑逛逛。于是一行人等来到了上林苑。上林苑里奇禽异兽比比皆是，让长期伏案批阅奏章的刘恒看得眼花缭乱的，一高兴，就问陪同的官员："这园子里到底有多少珍稀动物，都有哪些种类的呀？"

刘恒皇帝好像经常犯晕，问些这样天真笼统的问题，什么天上的星星有几颗啊，长安的监狱里关了多少犯人，诸如此类。当年的周勃老先生就是被这些个问题给弄得汗流浃背的。

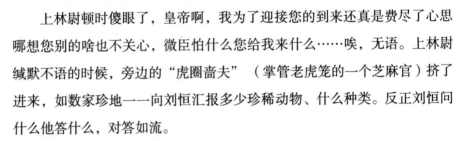

上林尉顿时傻眼了，皇帝啊，我为了迎接您的到来还真是费尽了心思哪想您别的啥也不关心，微臣怕什么您给我来什么……唉，无语。上林尉缄默不语的时候，旁边的"虎圈啬夫"（掌管老虎笼的一个芝麻官）挤了进来，如数家珍地一一向刘恒汇报多少珍稀动物、什么种类。反正刘恒问什么他答什么，对答如流。

刘恒心里很高兴，于是大声感叹道："做官就应该这样呀！刚才那个上林尉太不合格了。"不合格的上林尉，留着有何用，不如让给能者。于是皇帝命令张释之："把这个虎圈啬夫提拔为上林令。"

上林令是六百石的官，啬夫不过为百石，虎圈啬夫一下子升了五百石，简直就是皇恩浩荡呀，虎圈啬夫乐坏了。此时，张释之开始磨叽了，皇帝吩咐一次，他磨磨蹭蹭不理会，皇帝又吩咐了一遍，张释之上前道："陛下，您认为绛侯周勃这人怎么样？"

刘恒一时不明白张释之为何这么问，老实回答："周侯当然是有功德的长者。"

张释之接着问道："那么您觉得东阳侯张相如怎么样呢？"

刘恒回答："他也是长者。"

张释之马上赞道："陛下您说得真是太对了。绛侯、东阳侯他们两个人都是公认的长者，是国家的栋梁，但是他们都是不擅长言辞的，一点儿也不像这个啬夫，巧言善辩，喋喋不休，简直就是乱人心目。皇上您想啊，从前秦朝之所以灭亡，就是因为那个巧辩的奸人赵高独揽大权，专门喜欢提拔那些华而不实、花言巧语的人，弄得忠厚有德的人都纷纷离开，最终导致天下大乱。倘若陛下您也想提拔虎圈啬夫这样仅仅口才好的人，臣只是担心，大家纷纷模仿，今后天下官吏都不做实事，只管去参加口才培训班，专门学习甜言蜜语迎合上司了。"

一番"花言巧语"下来，汉文帝刘恒只有感叹："很好，你说得太好了！"

谁不知道这汉代初年的风气，你一提到秦朝灭亡，吕氏专权什么的，谁也不敢有脾气，包括皇帝。毕竟那是血淋淋的教训，他们都是见过那样一个强大的王朝转瞬间就土崩瓦解的人。所以，在张释之的这番言论之下，可怜的啬夫没有得到提拔，这个什么动物都认识的鸟兽专家，究竟是何方神圣，我们也不得而知。其实人家也不一定真的是个只有花架子，没有真才学的人，可是被张释之这么一分析，他成了一个巧言令色华而不实的人。

其实，真正花言巧语的正是这位张释之。他的这一番言论完全是揣摩圣意，针对皇上的心思而发的。而那位虎圈啬夫，人家说的都是专业知识，恪尽职守，可谓是职业模范。一点都不越界。反倒这位张释之，门卫出身，却动不动就谈论起国家大事来。

当然，这是有原因的。

反对任用口才好的人，堪称法家的传统。怎么说呢？一般来说，口才好的人，想必是反应相当快，脑瓜子很灵活的人。而聪明的脑袋是不好管理的，这一点，大家都知道。反正那些专制统治者们是无一例外地喜欢采取愚民政策，普天下臣民都老老实实地干活，就最好管理了，皇帝也就可以永远高枕无忧，逍遥快活了。法家的先驱商鞅就曾经说过：一个国家讲究礼仪，崇尚智慧，那么这个国家必然会亡国。这人一聪明就想得出很多点子为自己争取各种权益，你也争取我也争取，反正这个资源总量是不变的，皇帝的位置也就那么一个，怎么办呢？闹腾吧！那还叫统治者怎么统治下去呀？所以说，用良民来治理奸民，国家早晚灭亡；用奸民来治理良民，国家必定强盛。这种赤裸裸的反智慧主义，反道德主义的观念，独裁者向来特别青睐。张释之上面对刘恒讲的那番话，得到了刘恒的夸奖，但大家千万别以为刘恒被他感化了，你为我着想，我何乐而不为呢？反正张释之因为这个谏言得到了很多，在回去的路上，刘恒特别客气，他让张释之跟自己坐同一辆车，这待遇，比什么都光彩。在车上双方经过一番亲密的交谈，刘恒更加佩服张释之了，被皇帝佩服的人，还能不发达吗？一下车，张释之就被拜为公车令。

公车令就是掌管未央宫四周大门人员出入的官员，也就是说，谁进未央宫，都得经过张释之的同意，所以这个位置是相当重要的。

不讲私情的张释之

张释之如此受皇帝赏识，当然干得更卖力了。有一天，皇太子和他的弟弟梁王一起坐车进宫，他们也不知道公车令换人了，就按照习惯，经过司马门时没有下车就长驱直入了。正巧被张释之看到了，于是马上追了上去。因为按照当时的律令，无论什么人经过司马门都得下车，否则罚你黄金四两。张释之追到太子和梁王后，让他们立刻下车，不许进殿，随即上奏刘恒：两个小王子违反规定，被我扣下了！

一个小小的公车令竟然敢阻止太子，太子能忍得下这口气，太子的随从却忍不下这口气，太子的时间多么宝贵呀，你不想活了吧！当即就有人跑去报告太子的奶奶，也就是薄太后，薄太后一听：居然胆敢阻拦我的宝贝孙子，你还想反了不成？马上把她的皇帝儿子叫过去问怎么回事，刘恒很谦虚，也很羞惭，他把帽子摘下来，跟薄太后道歉道："母后您别上火，实在是儿子教子无方，把儿子教得这么没礼貌。"最后薄太后终于息怒，派使者带着诏书去赦免太子和梁王，太子和梁王才得以进殿。

张释之你这次亏大了吧，什么人不好得罪，居然欺负到太后头上去！真是个榆木脑袋，怎么就不知道变通呢？堂堂一个大汉天子，被太后训得哑口无言，能给你好脸色吗？

嘿嘿，还别说，刘恒皇帝就有这么大的度量：张释之，好样的榆木！

经过这件事后，刘恒对张释之更是青睐有加。明眼人都看得出来，这种铁面无私的文法吏，对皇帝建立朝廷的新秩序是非常有用的，当然，张释之的榆木脑袋、傻瓜作风，对刘恒树立自己的权威也是必不可少的。那些功臣们都垂垂老矣，往日他们执政的方式也将要退出历史的舞台。天下太平时，必须重新回到以严格律令治国的道路上来，如此才能保证这个庞大帝国的长治久安。更何况，利用这种文法吏来对付残存的功臣力量，不是很名正言顺吗？太子殿下都被叫下了马，你们这些功臣列侯当然也都要好好遵纪守法啦，不听话，看我们铁面无私的张释之先生怎么给你好看。很快，刘恒又给张释之升官了，拜为中大夫。

中大夫的职责也就是陪侍皇帝，中大夫其实没有具体执掌什么大权，随时跟从皇帝，给皇帝提供各种咨询意见，应对各种问题，也是个挺清闲、高贵的职务，有点儿像今天的顾问之类的。能给皇帝出谋划策，管他真有权还是假有权，先干着呗，哪天皇帝一高兴了，顺手就甩个官给你当，反正张释之的官都是这么来的。

没过多久，刘恒又把张释之升为中郎将。中郎将就是郎官类别里中郎的长官，秩级是比二千石，这就基本算是上升到了副部长的级别了。

滴水之恩，当涌泉相报，张释之可谓平步青云，好运气来了，挡也挡不住。

大法官是这样炼成的

机会只留给有准备的人。

有一天，张释之跟着刘恒去霸陵。霸陵是刘恒给自己预先修筑的陵墓，古代的皇帝刚登基就开始修墓，一直修到皇帝死，皇帝不死不能完工。刘恒当时看到这个坟墓的时候，突然有些悲哀起来，人固有一死，谁都躲不过，想着想着，思乡之情顿起，于是指着新丰县方向的道路，对自己的宠姬慎夫人说："这就是去邯郸的道路呀！"邯郸是慎夫人的家乡。触景生情的刘恒想到自己终于有一天要归于这片土地，不免心生悲凉。于是，他让慎夫人鼓瑟，自己则随着瑟声慷慨高歌，声音悲凉凄怆。高歌完毕，刘恒对群臣说："唉！如果以北山的石头来当棺椁，用麻絮和生漆填充缝隙，应该是坚不可摧了吧，谁能打得开呢？"

张释之很不屑于刘恒的担忧，他当即打断了刘恒的慷慨激情，泼冷水道："倘若墓里陪葬了金银珠宝，哪怕用铁水浇注，也会有人设法打开；倘若墓里没有什么值钱东西，傻瓜也懒得去盗取。"刘恒愣了半晌，激情一下子就消失得无影无踪。

张释之啊张释之，莫非你真是个木头人，一点儿人情都不顾，我还是你老板呢，碰到别人还不知道你嘴里能吐出什么好话——不过，这样的人当法官最合适啦！

既然张释之具有那么大的秉公执法潜力，以后肯定可以帮助皇帝治理狱事。于是不久，刘恒便拜张释之为廷尉，让他接替了贾谊的老师——吴公的位置。

这一年乃文帝即位的第三年，也就是周勃被"请"回绛县，贾谊被贬到长沙当太傅的那一年。

张释之做了廷尉之后，大力发扬了自己铁面无私的传统。

这天，刘恒坐着马车从渭桥上经过，不想有人突然从桥下冲了出来，刘恒驾车的马猝不及防，吓得扬蹄嘶鸣，车厢猛地颠簸了几下，刘恒哪里料到会有这种事，吓得够呛。他尖声大叫："有刺客，护驾！快给我抓住刺客！"

他身边的骑士和护卫们早就像箭一样射出，即刻将那个人抓住五花大绑，带到廷尉张释之的面前。

刘恒亲自审理："张廷尉，这人该判什么罪？"

张释之责问跪着的人："怎么回事？竟敢犯跸。"（"跸"就是帝王出行时，清理道路禁止别人行走的一种规矩。）犯了这种规矩，不但让帝王们感到安全没保障，而且还丢面子。堂堂皇帝，在一群士兵面前，被吓得屁滚尿流的，成何体统？

那个"刺客"听见询问，哆哆嗦嗦道："小人是长安县的普通百姓，看见陛下的车马来到，赶紧跑到桥下躲避。我也不知道在桥下待了多久，估计着陛下的车马已经过去了，于是走出来，不想看到陛下的车驾还在，撞个正着，吓得不知如何是好……"

张释之一扬眉："原来是这么回事。"

于是回报刘恒："陛下，这个草民犯跸，应当判罚金四两。"

"就判罚金四两？"

刘恒顿时勃然大怒："这个混账把我的马吓坏了。幸亏我的马平时被调教得很乖，如果换了别的马，岂不是要把我摔坏吗？简直就是弑君之罪，你居然只判他罚金四两！"

皇帝的安危是社稷的安危，这个小子居然差点儿让皇帝出了安全事故，也就是危害到国家的安全了，杀了他我还嫌便宜他了呢。

张释之在盛怒的皇帝面前不卑不亢地说："法是用来制约天下所有人的。关于这件事，按照现有条文就是应该这样判决，如果皇帝您要求重判，老百姓今后就不会再相信我们的法律了。刚才若是您让骑士当场将他击毙，也就罢了；既然您已经把他交给我这个廷尉处置，按照法律，就只能这么判。'廷尉'的'廷'，就是'公平'的'平'，廷尉是天下主持公平的人，如果这次因为皇帝的事情，搞个倾斜，天下判案的官吏都会以此为借口，徇私舞弊，胡乱地解释法律，如此一来老百姓就会惊恐不安！我也没有别的话好说，希望陛下您明察。"

罪犯若侵犯或者逃跑，被人当场击毙，这是出于自卫，当然无话可说；战场上击毙了敌兵你去判谁的罪呢？但是抓了俘虏，就不能随便杀了，要审判。

刘恒思量了好久，终于缓缓地说道："廷尉的量刑判决是对的。"

后来，张释之还因为类似事件与皇帝冲撞过，有人偷窃了刘邦宗庙里的玉环，被卫士抓获，汉文帝十分恼怒，责令张释之严惩盗贼。张释之审问后，向刘恒奏报："律令规定，盗窃宗庙衣服器物者弃市。臣谨遵律令，判决他弃市。"

刘恒大怒："居然偷到高祖皇帝宗庙里去，大逆不道，应当诛其九族。"

张释之据法力争："可是法律条文上就是这么写的，臣并没有乱判。况且就算是同样的罪，也要根据动机来判断轻重。偷玉环只是单纯的偷窃，如果连这个也判处诛九族的话，将来倘若有人偷挖长陵上的一抔土（长陵即刘邦的坟墓，此话暗喻'挖掘高皇帝坟墓'，挖掘陵墓的犯罪动机明显超过偷窃，那属于是造反），陛下又该如何判决呢？族诛已经是最高的处罚了！"

刘恒仔细想了一想，觉得确实很有道理。汉文帝刘恒和薄太后商议良久，批准了张释之的判决。

张释之执法公正，最终都改变了皇帝的主意，由此名扬天下，连中尉条侯周亚夫和梁国国相山都侯王恬启都很佩服他，同他成为亲密朋友。

张释之的成功，一方面可以说是刘恒为人确实仁厚大度，明察秋毫；另一方面也确实碰到了好机会，刘恒当时正思索着摆脱功臣集团在朝廷的势力，因而重用刚正守法的文法吏，这样可以对功臣集团进行很好的牵制与威慑。张释之的刚正不阿、执法如山，得到刘恒的表扬，分明是刘恒在给功臣集团们一个信号：不要以为你们是开国功臣就可以轻易犯法，逃脱制裁，我手下这个廷尉可是不徇私情的，连我也管不了他，你们要是往刀口上撞，丢了性命可别怪我不帮你。

什么样的皇帝，就有什么样的臣子，真是一点儿也不错。

刘恒是一个仁厚的人，即便他为了稳固自己的皇位排斥了各位虎视眈眈的功臣们，间接地饿死了自己唯一的亲弟弟，还亲自参演了一系列的温情戏，但是他仍然称得上是一个仁厚的皇帝，他为他的子民做了很多很多好事情，一系列的富民政策颁布下来，确实让天下百姓基本实现了丰衣足食的美好愿想。他的存在，浇灭了各位功臣子弟、刘氏诸侯篡权夺位的熊熊烈火，保持了国家的安定。

在普法工作上任用张释之，树立了非常好的榜样。尤其是他处理事务的态度，稳定压倒一切，非常具有大局观念，考虑到各方面利益的平衡，这一点是非常值得他的后人好好学习和传承的。

老门卫冯唐

接下来要说的，也是一个门卫，前面提过一次，在这里详细介绍一下。

一天，深受匈奴侵略所苦的刘恒坐着步辇经过郎署，所谓的郎署，也就是郎官们在未央宫内值班的地方。刘恒瞧见一个须发斑白的人在里面工作，刘恒觉得太奇怪，这么大把年纪了还没退休，于是就下了步辇，走进去，亲切地问道："老人家怎么还在做郎官啊？老家在哪里？"

冯唐看见皇帝陛下居然这么亲切地下来问话，心里那个感动啊。于是如实作答："臣老家是赵国，从父亲那辈起徙居到代国。汉朝建立后，又徙居安陵。"

刘恒顿时谈兴大发，感慨地说："当年我在代国当王的时候，我手下的尚食监（掌管君王吃饭的官吏）高祛经常跟我说起赵将李齐的才能，讲述了他在巨鹿大战的时候是何等的英勇，因此每次我吃饭的时候，一听到他提起李齐，心都飞到巨鹿去了，哪里还有什么心思吃饭呀——老人家您可知道李齐这个人？"

冯唐笑了笑，回答道："李齐这个人当然是不错的，他尚且比不上廉颇、李牧的指挥才能。"

刘恒很好奇，于是问道："老人家，此话怎讲？"

冯唐回答："我的祖父在赵国时，担任过统率士兵的职务，和李牧关系很好；我父亲曾经当过代国的相国，和李齐关系也不错，所以我很清楚他们的情况！"

哎呀，没想到啊没想到，咱大汉国人才济济啊，这么有见识和背景的人物竟然是个门卫！咱这小郎署里面还真是卧虎藏龙，刘恒捡到宝了。大喜道："还请您快给我讲讲吧！"

皇帝如此热情，冯唐岂能不兴奋？马上从记忆中将从爷爷爸爸处听到的关于廉颇和李牧的事迹搜刮出来，给皇帝绘声绘色地大讲特讲起来，刘恒听得如痴如醉，激动处还不由得猛拍自己的大腿，大发感慨："我怎么就不能得到廉颇、李牧这样的将军呢，如果有这样的将领，我还忧虑匈奴吗？"

不想冯唐却脱口说道："臣诚惶诚恐，我想，陛下即使得到廉颇和李牧这样的将领，也不会任用他们！"

汉文帝被冯唐这么冷水一泼，当即勃然大怒，起身回宫。

这个小老头太不识相了，竟然敢对皇帝如此无礼？

不是的，冯唐如果只是个有点儿才气没点儿脑子的人，这个世界上就不会留下"冯唐易老"的典故了。他这样说，乃是故意为之，他有他的特别用意。

因为他是有大智慧的人，这个智慧的过人之处在于能识人，能辨事。他不仅能够讲出古人的事迹，也能揣摩活人的心思，尤其是他正在面对的这个九五之尊。所以，他不怕皇帝生气，他知道，皇帝还会回来的。

过了不多久，刘恒当真又找人来叫冯唐了。气是可以生的，生完之后，时间会慢慢让它消亡，人才难求，冯唐这个人，不能放过。

所以我们说，刘恒是个明白人。

把冯唐召来后，责备也是少不了，刘恒看到冯唐后，说的第一句话是："你为什么在大庭广众之下侮辱我呢？难道就不能私下告诉我吗？做人应该懂得忌讳和回避啊！"

冯唐马上谢罪道："陛下呀，真是对不起，我是个粗人，不懂得忌讳回避，实在是冒犯您了！"

在这时，匈奴人大举入侵，杀死北地都尉孙卬。汉文帝刘恒正为此忧虑，就又一次询问冯唐："您给我解释解释，为什么说我即使有廉颇、李牧这样的将领也不会重用他们呢？"

冯唐回答说："臣听说上古时候的君王派遣将领出征，临上路的时候，往往是双膝跪在地上，帮助将领推兵车道，'国门以内的事我判断；国门以外的事，由将军裁定。所有军队中军功爵位、财帛赏赐的事宜，都由将军在外决定，回来再奏报朝廷。'这不是虚夸之言，臣的祖父曾经说，李牧在赵国边境统率军队的时候，把征收的税金全部用来犒赏他的士卒，都是不用向赵王报告的，所以李牧可以尽情施展自己的才能，派遣精选兵车一千三百辆，善于骑射的士兵一万三千人，能够建立功勋的士兵有十万余人，因此才能一举将单于驱逐到北方荒野之地去，东边则把东胡收拾妥当，西边抗击强悍的秦军，南边兼斗韩、魏两国军队。那时的赵国，真可谓是威震天下，几乎成为霸主。这些将士为什么就那么勇猛，因为他们也是有所求的呀，老是用'忠君报国'、'民族荣辱'来激发将士的斗志那是不好的，所谓'人为财死，鸟为食亡'，这个因素要考虑进去，所以不要吝啬那些奖赏，大家都有饭吃了，才肯干活。"

"后来赵王迁即位。他一即位，就听信了奸臣郭开的谗言，最终杀了李牧，让颜聚代替李牧担当将领，而这个人不懂带兵，屡战屡败，终于被秦国俘虏消灭。如今我听说魏尚为云中郡（今内蒙古中部）郡守，他将税金全部都用来犒赏士兵，而且还拿出自己的钱财，五天杀一次牛，犒劳宾客以及军吏舍人，因此匈奴人远远躲开，不敢靠近云中郡的边关要塞。曾经有一次匈奴人冒险入侵进来，魏尚率领军队出击，杀死了很多敌人。说起来，魏尚所率领的那些士卒也就是些普通人家的子弟，农夫出身，哪里懂得什么尺籍伍符（记载军令、军功的簿籍以及军士中各伍互相作保的守则）之类的烦琐文书，一天到晚只顾着拼命打仗，杀敌抓俘虏，把功劳报送到幕府（军中主帅办公室）。只要有一句话不合实际情况，那些文法吏就说违反了法律，将所有的赏赐全部扣除。谁还给你拼命呀？所以，我个人认为，陛下您的法律固然是不错，但执行得过于苛刻了，简单说，就是赏赐太轻，处罚太重。况且云中郡郡守魏尚只是因为错报多杀了 6 个敌人，陛下您就将他下狱，削夺了全部的官爵，而且还罚他做苦役。所以我就说，陛下现在即使得到廉颇、李牧这样的良将，也是不会重用的。"

"我确实愚蠢，触犯了忌讳，该当死罪，该当死罪啊！"冯唐这一番话，真可谓说到了点子上，汉朝此时虽然已经开始尊重儒生，但是刘恒内心里喜欢的还是道家和法家之术，而法家商鞅和韩非子的思想，最重要的一点就是"信赏必罚"。简单地说，就是该赏的一定要赏，该罚的一定要罚。这难道不好吗？难道该罚的要赏，该赏的就罚吗？但事情没有这么简单。

法家的精髓里面还包含了一个省钱之道：能不赏的尽量不赏，能罚的一定要罚。这下就和冯唐的那番话联系上了。法家思想基本是遵从"轻赏重罚"、"赏一罚十"的原则的，商鞅不是说过，最牛的国家，就是罚九赏一的国家，第二牛的国家罚七赏三，而弱国则是罚五赏五。所以我们先前在字面上理解的那个"信赏必罚"其实是很片面的，用商鞅的话来说，赏罚同等，就是笨蛋！

说起来，这个理论的基础和我们人类豢养猎狗是相同的，人把狗喂得太好太饱，就不好使唤了，饱食终日，谁还有心思去寻找猎物啊，只怕是长肥了，跑不动了，倒成了别人的猎物了；倘若狗不听使唤，那就得狠狠地教育，不重重责打它，它以为老子天下第一，功劳最大，猎物都是我打的。把这个规律换到人类自己身上来，倘若全国百姓都是穷人，钱财都放在皇帝的仓库里，那控制起来肯定容易得多，穷人翻得了天么？打仗要粮草兵器，组织啥集团也需要发发红包开开支票什么的。因此，在一个专制国家，最好的状态就是"国富民弱"，这个所谓的"国"，就是独裁者以及统治阶层那一部分权利拥有者，"朕即国家"嘛！咱老百姓怎么就能穷得叮当响呢？财富不都是他们创造的吗？粮食是他们种的，金银是他们挖的，为什么他们就可以那么穷呢？事实是，老百姓创造的财富以各种途径流进了权贵们的腰包。

所以后人敬重冯唐，不是因为他为谁争取了利益，而是他在一定程度上平衡了利益的分配，这就如同"授人以渔"。

历史证明，刘恒是一个伟大的皇帝，他很谦虚，很英明，听冯唐的话，皇帝成为一个利益平衡者，天下太平指日可待。

听了冯唐的高论后，刘恒狠狠地拍着自己的大腿道："老人家您讲得太对啦，好啊！我就听您的啦。"当即派使者持着节信到狱中赦免魏尚，恢复了他云中郡郡守的官职，而任命冯唐为车骑都尉，主管中尉和各郡国所属的车骑士卒。

既然接受了建议，就要付诸行动。刘恒很勤奋，在应对诸侯作乱、匈奴入侵的同时，在刑律上做了不少实事和好事，这可是为他在历史上获取仁厚的声名积分不少。

譬如，刘恒下了一道废除"连坐"的诏书，理由是："法律是惩治恶人，引导善人。现在罪犯已经得到了应有的惩治，可还让他无罪的父母妻子兄弟也连同受罚，这个法子虽然古来有之，但并不是公平的。它不起什么作用，只会累及无辜，增加百姓对朝廷的仇恨。咱讨论讨论把它取消了吧。"

譬如在即位后的第二年三月，刘恒又下了一道诏书，命令废除"诽谤"罪。理由是："古代君王治理天下，在朝廷中设有鼓励进善言的旌旗和诽谤的木柱，目的就是为了让大家可以毫无顾忌地劝谏，以便君主察纳雅言，这样才能使国家蒸蒸日上。现在我们大汉的法律却设有'诽谤妖言'之罪，不允许人议论朝政，这必将导致群臣都不敢对我提出意见，我就没有办法听到自己的过失。这样一来，怎么能吸引远方的贤臣良将来辅佐我呢？咱还是把这条法律废除了好吧。"

这样的例子还有很多。当然，并不能把这些都算作是冯唐劝谏的功劳。因为最终做与不做，都还取决于刘恒。所以归根结底，还是因为刘恒有一颗英明仁慈的心。

第十章　皇太子的脾气不太好

刘濞是何许人也

但是，再英明的皇帝，也是人，他也会死。人亡政息，后来的朝政会怎样，那就要看未来的皇帝是怎样的，所以这就是君主专制的缺陷。

公元前157年，汉文帝元后七年六月，历史上著名的汉文帝刘恒驾崩，太子刘启继承皇位。

汉景帝刘启是汉文帝刘恒的大儿子，他即位时，已经三十二岁，我们来算算，刘恒在位二十三年，这个刘启在他老爹当皇帝前九年就已经出生了。史书上记载，刘恒当皇帝的时候，才二十三岁，这么一来，应该是刘恒十四岁就生下了刘启，所以文帝少年得子，当然喜不自禁，后来立他当太子也就很理所当然了。

比起汉文帝刘恒的仁厚，汉景帝刘启的性格就比较冷酷。

因为他是一个守成之主，没有经历过建国的坎坷，也没有什么人胆敢在他头上动土，锦衣玉食地生活在皇宫里，不知道天有多高，地有多厚。这样的环境下，人不变得张狂才怪。人一旦张狂起来，怎么能不坏点儿事情呢？刘启在少年的时候，就干过一件很嚣张的事情，这件事情颇为严重，为以后的七国之乱埋下了祸根。

这个事情讲起来话长，得提起先辈们，就从吴王刘濞讲起吧。

吴王刘濞就是汉高祖刘邦的哥哥刘仲的儿子，也就是刘邦当小混混的时候，他父亲刘太公曾经特别引以为豪的那个二儿子的儿子。当然啦，儿子辛勤干活，使一家人快快乐乐奔小康，做爹爹的，能不欢喜吗？最主要的是，那个时候的刘邦，交了一大帮狐朋狗友，整天无所事事，让老婆孩子到地里干活去，如此一对比，刘太公就更是觉得这个二儿子能干。但是有一天，刘太公终于见到太阳从西边出来啦，不务正业的刘邦居然当皇帝了，没办法，当了皇帝的儿子自然面子大些，刘太公等人都被迎接到都城，奔小康的刘仲当然也在此列。

虽然以前被老爹看不上，刘邦到底还是有度量，对自己的二哥，由嫉恨转变为炫耀。公元前 200 年，刘邦封二哥刘仲为代王。刘仲当然很兴奋，马上去代国即位。然而，天有不测风云，匈奴围攻代国时，刘仲没有坚守，弃国辗转逃到洛阳，后来去归附刘邦。

刘邦看他二哥这样，是又得意又闹心，说你没法跟我比吧，老爹还不信，如今总是可以证明了吧，可是话又说回来了，那块土地可是我自己打拼下来的呀，让他就这么轻易地给放弃了，实在是不甘心。有什么办法呢，毕竟是一个娘肚子里面出来的，总不能杀了他吧，那也得表示一下我的愤怒，就废黜了他的王位吧，于是贬刘仲为合阳侯，他的儿子刘濞封为沛侯。

惩罚也惩罚过了，封也封了，但是打趣打趣他也是常有的事情。比如在汉九年（公元前 198 年）未央宫前殿的一次新年聚会上，刘邦回忆往事时，忽地记起了二哥的这件糗事，就要调笑调笑，于是笑嘻嘻地打趣刘太公："父亲呀，以前您老人家老是斥责我，说我无赖，不会赚钱养家，比二哥差多了。现在您瞧，我挣下的这份家当，跟二哥的比起来，您看怎么样？"

还能怎么样呀，刘太公则一张老脸羞得通红，支支吾吾说不出话来，臣子兄弟们又是一阵大笑。基于刘太公的认错态度还不错，到底是亲兄弟嘛，刘邦对二哥也没再怎么耿耿于怀了。

那年的秋天，英布举兵造反，迅速击灭了荆王刘贾，关中为之震动，刘邦亲自率兵前去讨伐。年仅二十的刘濞随从刘邦，他非常善于于骑射，有谋略、有胆识，在这场战斗中，立下了汗马功劳，一举击灭英布。

英布被消灭以后，刘邦又忧虑起来，原来的荆王不是已经被杀了么，那得重新立个国王才行，立谁呢？既能为我保卫江山，又不造反。

那时候的地域歧视很严重，中原人普遍认为吴楚人都是大头鸟，没事就喜欢打个架斗个狠或者造个反过瘾，不在这里立一个擅长打仗的人做王恐怕镇不住这帮蛮人。

刘邦想到自己的几个孩子，都还比较小，挑不出合适人选，想起刘濞这次的表现不错，又是自己的亲侄子，于是便封刘濞为吴王，管辖东阳郡、吴郡、故鄣三郡五十三城，都城在广陵（今江苏扬州）。

刘邦命令把吴王印绶授予刘濞之后，还特意召见了刘濞，刘邦看着刘濞说："贤侄呀，你的相貌是造反的相貌。"刘邦虽然很是后悔，但已经拜官授印了，就因为自己觉得侄子长得像个反贼就收回，说出去也太丢人了，这可是自己的亲侄子呀，想来想去，应该是自己的心理作用，最近造反的人实在太多了，什么功臣啊，老兄弟啊，全反了，所以我有点儿草木皆兵了吧，于是压着自己的担忧，拍拍侄子的背，暗示道："咱大汉五十年后，东南方有造反的人出现，不会就是你吧？不过我们都姓刘，你可一定不能造反呀！"

刘濞赶忙叩头道："岂敢岂敢，我怎么可能做那种大逆不道的事情呢！"

当然，上面的基本是传说，刘邦真能预见五十年后东南有兵灾吗，而且连造反的人都看准啦，真的如此的话，以他的性格，绝对不会手软的。

吴国是个好地方，不仅面积大，风景也很美丽。海边可以煮盐，山里可以挖铜，挖了铜就可以造钱，因为不纳税，吴国的资财非常富有。

一段时间里，吴国靠着盐和铜这两个宝物，富甲天下。政府根本不需要向老百姓收取什么赋税，有了盐海铜山，那钱还不是多得没有地方花呀。

钱一多起来，就得想着法子花才行，吴国的领导人物都有招纳外郡亡命之徒的嗜好，为什么？可能觉得他们讲义气吧，命都可以不要，还有什么做不到呢？

收归己用，必定能在关键时候起到大作用。毕竟，钱多了，安全问题很要紧。再说了，钱多了，帮助帮助这些朝不保夕的人也是很好的嘛，做好事谁不会。

政府不收税了，多喜庆呀！百姓还能不拥戴这样的好皇帝？于是吴国人民初步过上了共产主义生活。

人生活好了，脾气却会越来越坏，也正是这坏脾气，为后来的七国之乱埋下了伏笔。

没事别下棋

刘恒即位以后，刘濞有一次让自己的儿子刘贤代替自己去长安朝会。皇太子刘启和刘贤年龄差不了多少，兴趣也比较相似，都有着很多共同爱好。两个年轻人经常在一起吃喝玩乐。

话说刘贤在吴国接受教育，他的师傅都是吴楚人士，从而养成他轻佻、剽悍的个性，平时又很骄矜。刘贤在皇太子的地盘上和皇太子刘启玩博棋，输了就饮酒，按理来说他是该谦恭一点儿，可是这个刘贤偏不，首先立下规矩，该怎么着就怎么着，一点儿情面也是不给的。有一次吴王子与皇太子玩着玩着争执起来，公说公有理，婆说婆有理，谁也不肯让步。

前面我们提到，皇太子刘启生来锦衣玉食，身边的人对他百依百顺，他可不像他老爹那么温文尔雅，心想着自己堂堂一个大汉皇太子，岂能受小小的刘贤的气，两个人由动嘴发展到动手，以至于皇太子终于勃然大怒，操起博棋的棋盘就向刘贤猛地掷去，刘贤哪里料想这个在皇宫里长大的兄弟也会这么泼辣，猝不及防，被棋盘砸中，当场毙命。

皇太子杀了吴王太子，怎么办？

将皇太子治罪吗？

当然不可以。

怪他的师傅教导无方吧，也不足以平息对方心中的怒火，但是事已至此，吴王只能自认倒霉了。

汉文帝刘恒也认识到自己的儿子真的是太不像话了，做得过分了，再不济，也不能把人给杀了呀，于是对儿子进行一番痛斥，对侄子进行一番哀悼后，命令将刘贤厚敛，再让专人监察运回吴国归葬。

吴王刘濞哪里会想到自己的儿子活蹦乱跳地跑去长安朝会，居然送了具尸体回来。那个伤心呀，可是有什么办法呢？咱能让皇太子偿命吗，再说了，人家不是一再解释纯属意外嘛。

怪只怪，自己的命不够贵，没能当上皇帝，让年轻纯真的爱子居然这样莫名其妙地死掉了，还不好追究。但这事搁谁心里也气愤得不行，何况刘濞还是个性情刚猛的武将，也是个吴国的愣头青，他心里的怨恨岂肯就此作罢，看见儿子的丧车回来，想起当年刘邦老叔说的那句话，大怒道："既然我们天下同宗，都是姓刘的，那么死在长安就葬在长安好了，干吗又把尸体运回来呢？"骂骂咧咧完了还不解气，铁了心要给皇太子点儿颜色瞧瞧，于是命令属下把丧车重新运回长安。

此恨绵绵无绝期呀！

这时的吴王，心里早已埋下了一颗仇恨的种子：杀回长安，祭奠爱子在天之灵。真要杀起来，那还是有顾忌的，但是，做点其他的反动行为还是有必要的，要不让皇太子一伙以为宰杀我的儿子跟杀只鸡一样简单，杀上瘾了可不好。于是，刘濞决定，再也不去长安朝会了，派个儿子去你给我送个死儿子回来，我自己来不定你们又搞出些什么名堂呢。于是每次新年，他都称说自己年迈了，体衰了，经不起这一路的颠簸。

起先一些年头，刘恒倒是没有过问什么，毕竟是自己的皇太子有错在先，姑且让这个本家耍耍性子，睁一只眼闭一只眼罢了。可是，哪能几十年如一日地称病不去朝会呢？皇帝谅解你，长安的官吏都看不下去了。你儿子的死实在不是皇太子故意为之，人家赔礼道歉了多少次，担待了你多少回，这老头子怎么这么不识相呢？

反正大家都知道刘濞是因为爱子的死而怨恨不满，装病不去朝会，于是吴国使者一来到长安，就被长安的官吏拘押起来进行责问。刘濞当然很惊恐，这还了得，咱得做好战争的准备才行。

后来有一次，刘濞又派使者代替自己去长安做例行的秋请之礼，刘恒终于忍不住了，亲自责问来者："为什么刘濞不肯亲自来？"吴使者不敢怠慢皇帝，只好老老实实地回答："实话告诉您吧，我们的大王确实没有生病，但是因为汉朝几次拘押了我们的使者进行拷问，我们大王心里特别害怕，总觉得自己受到怀疑，所以干脆称病不来。"

原来真的是心虚呀，来者也是个强人，既敢说实话，也敢出主意，他继续讲道，"古语说，'察见渊鱼者不祥。'如今我们大王装病的事实既然已经被陛下您知道了，可能怎么办呢？陛下您要是将我们大王责问急了，怕被陛下诛杀，他极有可能更加想不开，索性来个一不做二不休，那时候，不造反都不行了。所以微臣个人的看法是，陛下您不如忘掉以前的不快，和我们的大王重归于好。"

刘恒也不想骨肉相残，他想了想，觉得这个使者确实很聪明，说得也很有道理。

琢磨着自己虽然在长安地位已经逐渐稳固，但逼得吴国造反到底不合算。再说了，打仗可不是小事，那得动多少人力物力呀，结果还不确定，万一镇压不下去，自己的皇帝宝座可能都不稳了。于是想出一个主意，先把吴王笼络住，这个问题就留给下一代去考虑吧，时间久了，也许仇恨就淡了。于是把以前羁押的几批吴国使者全部释放回国，并且赐给吴王刘濞倚几和手杖，说看他年纪大了，为了表示尊敬，就准许他可以不用来长安朝见天子了，自己好好保重身体。

刘濞没想到自己这么无礼放肆，刘恒居然还这么好说话，既然汉朝不逼迫，自己又何必造反呢。这么多年过去了，儿子又生了不少，既然皇帝这么仁慈爱民，咱也让让步，再说了，究竟还是汉朝强大得多，吴国钱是有，但兵力哪里可以和大汉匹敌，算起来，自己谋反成功的可能性也实在不大，于是便打消了谋反的念头。

吴王刘濞将吴国百姓视如己出，经常去慰问辖区那些有才能的人，赏赐他们许多物品。其他郡国逃亡来的罪犯，吴国收容他们，不交给别的郡国，如此做法有三十多年，因此吴王刘濞能够指挥他的部众。

第十一章　书生参政

崭露头角

锋芒毕露之人最终必会被锋芒所伤！

晁错就是这样一个人，自己挖了个大坑，准备去埋葬别人，不成想，把自己给埋了！

晁错，中国历史上一个大能人，但是他却是一个不合时宜的大能人！

晁错崭露头角是在文帝的时候，谈到晁错那个时候的表现，不得不重新谈到匈奴这个老冤家。

话说冒顿单于当权后，匈奴那般蛮横的家伙就像发毒瘾一样，隔三差五跑到汉朝的边境来抢点儿金银细软等东西。汉朝一次又一次把美女送去跟他和亲，他们却一点儿满足感也没有。毕竟，和亲只是一个女人而已，陪嫁的人和物品再多，也是有限的。干抢劫就不同了，那是不受数目、时间、规则限制的，所以匈奴人乐此不疲，干得很起劲。

汉文帝六年的时候，冒顿单于又给刘恒写信道："从前你们汉朝的皇帝和我们谈过和亲的事，那个方案确实挺好。你们汉朝的边吏曾经欺侮过我们匈奴的右贤王，右贤王没有向我汇报，就率人和汉朝边吏打起来了，一度搞得我们双方都很不快乐，关系僵硬得很。我也很恼怒右贤王，为惩罚他，给他派了个苦差，特意让他去攻打月氏国，仗着我们匈奴人马强壮弓箭够硬，一不小心，竟然把个月氏国给灭了，把他们的国民也全部杀光了。其他那些个小国，譬如楼兰、乌孙、呼揭啊等二十六个国家挺识相的，望风归顺了我们，咱游牧民族终于并成了一个大家庭，北方全面安宁，进入理想之国。如今我只希望咱们两家也可以这样，罢兵、养马，重修以前的和亲政策，这样也好让边民享受享受和平安宁的美好生活。倘若你不想让我们匈奴靠近你们边塞的话，最好就让你们汉朝的官吏以及百姓离我们远一点儿。"

太嚣张啦！这不是赤裸裸地挑衅嘛？又是夸耀自己的武功高强，又是要汉朝把边境缩向内地，话虽说得冠冕堂皇，谁不知道你肚子里面打的什么算盘。

冒顿这个人实在让大汉头疼，刘邦去世那会儿，还给吕后写情书，真不知道这些个满草原跑的家伙每天脑子里想些什么事儿。

刘恒当然知道自己的实力，知道自己惹不起匈奴，于是赶紧恭敬地回信道："单于您说要忘掉过去的不快，重新恢复和亲协议，我真是高兴得很，这可是古代圣王们都翘首盼望的好事啊。汉朝与匈奴誓约为兄弟，给了单于许多财物，可是每次背约的都是你们。右贤王的事我们也不介意了，您也就忘了吧。单于您要是看了我这封信，觉得满意的话，烦请您制约自己的手下，不要再入侵我们了。"

之后不久，冒顿单于也老死了，没办法，他和吕后差不多一个时代出生的，吕后在地府等他很久了。

冒顿既亡，老上单于即位，这个老上单于基本也跟他的先祖是一个脾气。汉文帝十一年夏天，他率领匈奴人侵犯狄道（今甘肃临洮），斩了守卫官吏的脑袋而回。

刘恒大为恼怒，但实在不知道怎么办才好，只能按部就班地发兵增援，并颁布诏书，鼓励当地官吏保家卫国，搞了很多宣传。

匈奴人杀上门来了，将士们都很生气，很快，陇西的一个官吏率领士卒以少敌众，打了一个胜仗，斩杀了一个匈奴小王，这个胜仗虽然不大，但对于汉朝来说，堪称零的突破，这在当时，可比当今国足在奥运会进一球反响要大，大汉王朝为之精神大振，匈奴人也不是不可战胜的嘛。此战还有一个功效，引出一个重要人物的出场，此人就是历史上赫赫有名的晁错，他可真是不简单，一出来就给刘恒呈上几封洋洋洒洒的奏疏，为其出谋划策。他当时官位不高，是太子家令，待遇为八百石。

晁错老家在颍川郡，他早年学的是申不害、商鞅的法家之术，因此，精通国家既往的制度故事的晁错很快就被选拔为太常掌故，这是一种六百石的官。

刘恒即位后，继续奉行征求民间典籍的传统，儒家曾经有一个重要经典《尚书》，自从秦朝焚书之后，久久无闻。终于有一天，朝廷打听到济南县有一个叫伏胜的儒生，曾经为秦朝的博士，专门就研究这个《尚书》，好事，朝廷巴不得立马把这个人征召到长安，遗憾的是，此人是个老古董了，据说九十岁有余，朝廷哪里敢让他经历这旅途颠簸呀，就这么个活宝，万一在路上暴毙了，那与他同时暴毙的可是我们苦苦搜寻良久的《尚书》呀。

朝廷各位大臣一商量，只好派遣聪明伶俐会长篇大论的晁错上阵，亲自去济南接受伏胜的教诲。晁错很高兴，肩负着拷贝民族文化的重担，来到济南。可是很不巧，这位大师伏胜老得连话都说不清了，天天就叽咕些外星语，万幸的是，他女儿听得懂这外星语，于是由他女儿一句一句给晁错转译了过来。有惊无险！

由此我们可见，晁错学得有多么辛苦，学成这外星语回到长安，足够他卖弄的了。凭什么？就凭你们谁也没有听过外星人讲话。大汉朝廷还真是挺吃晁错那套的，外星学成归来，马上提拔他为太子舍人，然后觉得不够厚待，又升为门大夫，还不够，接着升为博士，不过这些个官职，也就都在六百石上下浮动。因为学法家之术出身的晁错，为人非常冷酷，用敌人的说法就是残忍，大家没人给他美言，升官发财就等几年再说吧。

书生的建议

学成归来得做点儿事情才行，晁错很快就有了具体行动，他给刘恒上书，初步展露了自己的法家思想。

这封信洋洋洒洒的，我们来看中心内容：当君主的应该知道一点儿权术，这样才能让群臣服服帖帖，天下也不乱套。但是如今的皇太子还不大懂得这一套，臣真是为他捏一把汗啊！现在朝廷那些士大夫还认为皇太子不需要掌握统治的方法，臣认为这简直是乱扯。他们这样做必定对皇太子以后的接班很不利。皇太子虽然读了不少书，可惜没能从书中领会统治的精髓，那不就是白费力气嘛。臣觉得呀，皇太子智商相当的高，您看他射箭就远比一般人在行，可谓文武全才。他之所以还不懂得统治之术，都是因为陛下您没教他。臣的个人意见是，陛下选择一些好的统治之术，教给皇太子，然后时不时监督监督、考查考查他，他一定能成长起来，成为陛下的优秀接班人。还望陛下慎重考虑微臣的意见。

刘恒这人本来就特别青睐那些法家学者，如今这个受了《尚书》熏陶的人也这样说，那证明我的观点是对的。他平常就经常耍一些小心眼来糊弄群臣和百姓，把大家折腾得服服帖帖的，他当然巴不得自己的儿子能继承自己的衣钵，于是马上下令把晁错升为太子家令，让他好好教育自己的儿子那些驭人治国之术，晁错也很赚，俸禄终于增加到八百石。

皇太子刘启对自己的这个老师也非常欣赏，太子府中上下都称晁错为"智囊"，有什么事都去找他裁决，拿主意。

晁错这么聪明，又学了举世闻名的《尚书》，自然是不甘心做一个小小的太子家令。这不匈奴又在边疆放肆了吗，晁错立马就跃跃欲试，发挥特长，给刘恒上了一封长长的奏疏，此奏疏言辞恳切，分析透彻。晁错首先严正指出，匈奴是人心不足蛇吞象，欲望是无止境的，朝廷千万不能再退让了，要不他们当真以为我们是烂柿子。匈奴这些人，三番五次入侵，杀害的汉朝官吏百姓不计其数，弄得咱大汉百姓对匈奴闻风丧胆。这种状态再不能持续下去了，再持续下去，咱们的处境就危险了。咱得争取打个

历史原来这么有趣·汉朝卷——后刘邦时代

彻底的胜仗，这是必须的，只有这样才能扭转败局，给咱官兵和百姓打打气，用事实打破匈奴不可战胜的神话。自高皇帝以来，陇西都已经三次被匈奴入侵了，百姓一看匈奴人来了，就想着逃跑，根本没有想过要打败他们，这怎么可能不被欺负呢？如今情况好转，陇西官吏以少敌众，打了一个胜仗，这说明的问题很大，不是陇西的老百姓怯懦，而是将领的本事的问题，兵法上不是说："有必胜之将，无必胜之民么。"所以我个人认为，陛下您的当务之急是好好挑选良将。

既然把问题提出来了，还得提出点儿有建设性的意见才行，关于匈奴这个问题大家都看得到，主要就是没有想出个好办法，谁不知道要打匈奴呀，这不一直在打吗？问题是怎么才能打赢？

晁错是有见地的，他马上接着从地形、士兵素质、武器三个方面系统地分析了汉兵和匈奴人的强弱形势。这样皇帝看得也容易明白，就像我们做账一样，进多少，出多少，一条一条列出来，清楚明了。分析匈奴晁错比较在行，得出的结论是双方互有优势。

首先是匈奴人的优势。

一、马强。匈奴马匹的体质显然比汉朝的马匹好，尤其是在山地溪流地段奔跑，匈奴马匹大大强过汉朝的马匹。

二、人马合一。匈奴的士兵在马上能像旋风一样迅速进行骑射。马那四条腿简直就跟他们自己的腿一样，那是人马合一，相辅相成，龙卷风一样。这个也难超越，人家的小孩子都是在马背上长大的，人家骑马甚至都不用马鞍。

三、匈奴人有个骆驼胃。匈奴人比汉兵更能忍受饥渴，这也是他们经过多年的锻炼，适应了北地的艰难环境的结果。

汉朝的士兵有哪些优势呢？

一、兵车优势。大汉的主要地盘不是平原吗，地平了就方便车行驶，在平原地带作战，汉朝有的是兵车，可以比较容易地突破匈奴骑兵战阵。

二、强弩优势。汉兵的脑子灵活，射箭器械先进。那个所谓的强弩，射程很远，匈奴的弓箭根本没法匹敌。

三、坚甲锐兵。汉朝士兵中有坚甲锐兵，加上那些个打游击的弩箭队，双管齐下，打击匈奴。

四、气势优势。汉兵都比较善于造势，让强弩部队一同发箭，声势浩大，吓都吓死他们。

五、马下优势。你们匈奴士兵不是可以做到四条腿，做到"人马合一"吗，我们不跟他们在马上打仗，咱下马用剑戟来格斗格斗，匈奴人骑马骑习惯了，突然下地变成了两条腿，非常不自然，步子一下就乱了。

如此一对比，得出结论：双方互有优势。但是晁错欣喜地看出，汉兵的优势是五个，匈奴人的优势仅三个，比他们多！

所以晁错最后肯定，汉朝人口众多，兵马精良，要击灭匈奴，简直易如反掌。

他的具体建议如下：调集投降汉朝的数千义渠胡人上前线作战，他们的饮食方式和骑射技巧和匈奴一样，具有匈奴的那些优势，朝廷再赐给他们坚甲强弩，把咱汉朝的优势也发挥出来，集双方优势于一体，一定能马到功成。

刘恒看了晁错义愤填膺且妙语连珠的奏疏，立马就来了精神，爱卿你真是会给我鼓劲。于是马上派专人给他送去玺书，予以嘉奖。晁错这下爽啦，居然得到主子如此嘉奖与鼓励，当然更来劲了，他熬夜又写了一篇奏疏，又是长达万言，这次向主子献策，谈的是怎么激发咱大汉百姓的抗击匈奴的积极性。

晁错因为学了《尚书》而得到重用，但江山易改，禀性难移，他到底还是法家出身，法家学说对人的劣根性可是有着深刻剖析的，当然，在这篇奏疏中，晁错毫不犹豫地充分体现了自己的法家人思维。

晁错分析："人为什么至死都不肯投降？关键在于他们早就计算好了利益得失。倘若打仗胜了，守城不降，可以得到丰厚的赏赐。攻城屠城，则可以抢得财物，有了财物就可以买房子、讨老婆、生孩子，以至做点儿小买卖发家致富，有这么好的念想，所以就能赴汤蹈火，视死如归。想当年，秦朝何其强大呀，为什么很快就分崩离析了，不过是那个不可一世的始皇帝只想着驱逐老百姓去给他打仗，不给他们丝毫好处纯粹靠强权胁迫着士兵进攻，哪里能持久呢？咱大汉一定要注意规避这一点。"

"匈奴是一个游牧民族，他们是天生的侵略者。他们不仅是食肉动物，还拿着毛皮当衣服，把自己也搞得跟野兽一样。他们还不建立固定的城郭居住，就跟那些飞鸟和野兽一样到处乱跑，碰见了水草多的地方，就停下来歇息、占有，水草消耗完了，马上又转徙到别的地方，一点儿环保观念也没有。"

"他们在长城之下往来游牧射猎，有时候呢，跑到燕国和代国的边境骚扰，有时候呢，又跑到咱上郡（今陕西北部及内蒙古乌审旗等地）、北地（宁夏贺兰山以东及甘肃马莲河流域）、陇西（辖境在甘肃东南部）来瞅瞅，完全是在随时窥探咱大汉守卫的士卒，简直就是一群讨厌的臭苍蝇，等着鸡蛋裂个缝隙就南下侵略。倘若没有陛下的救助，那些地方的百姓就彻底绝望了，绝望的下一步就是投敌，所谓无法战胜敌人就加入敌人；倘若陛下您想救助他们，少发点儿兵吧，不够使，多发点儿兵吧，也麻烦得很，匈奴人跑得快，等我们的救兵赶到，他们早已消失无踪了。再者，咱们在边境屯驻大量的士卒，军费开销实在是太大了；倘若罢兵的话，匈奴人立马又蜂拥而来。咱大汉就是这样被那般浑小子搞得焦头烂额、筋疲力尽的。"

"因此，臣个人觉得，陛下您与其像以前那样发兵守备边塞，让士卒隔年进行轮换，不如鼓励大汉的百姓移居到边郡地区。朝廷给移民建筑好房屋，城墙加高些，水沟挖深些，同时在城上准备大量的滚石和铁蒺藜，一来可作守备之用，二来也可以增强大家的安全感。倘若平民不肯移居边郡，那就让罪犯移居那里也行，免去他们的罪罚，发给他们安家费。罪犯不够的话，就鼓励那些蓄养奴婢的富人们输送奴婢去边郡，当然，要辅之以优惠政策……"

滔滔万言，讲得又完备，又实用，晁错是个大能人，能分析的这么透彻！关键的一点，他口才也很好，说出的话，很有煽动性！

皇帝刘恒看了这个奏疏，又是大为感叹，天才呀，天才，没有想到咱大汉还真是人才辈出啊。得到了皇帝的赏识，那金银珠宝、绫罗绸缎、升官发财就接踵而来了。

文帝十五年，刘恒下诏选举贤良文学士，晁错名声如此鼎盛，当然是在入选之内了。

据说当时他还被平阳侯曹窋、汝阴侯夏侯灶、颍阴侯灌何、廷尉宜昌、陇西太守公孙昆邪联合保举为贤良文学士。

皇帝欣赏的人，大家都欣赏，说明他还真是有能力子。晁错激动得热血沸腾，全家也感受到了莫大的尊荣。这时刘恒又下诏广开言路，晁错马上验证了自己的实力，再一次熬夜赶写出一篇奏疏，对皇帝大谈特谈自己对朝政的看法。刘恒又一次惊其为天人，当时一起想对策的有上百个人，晁错一举夺魁。托这篇文章的福，晁错被破格擢拔为中大夫，秩级终于上升到了千石。

一颗政治新星即将闪亮登场。

景帝即位

晁错正准备大展拳脚的时候，汉文帝刘恒驾崩，呜呼哀哉，这可如何是好？伯乐死了，千里马何处去？

刘恒死了，不是刘启即位么？

晁错不是被太子一伙人奉为"智多星"吗？

刘恒当年还有点儿老谋深算，刘启就不同了，顺顺利利轻轻松松地就当上了皇帝，哪里有什么别的心思，什么都听晁老师的。再说了，当年晁错也说了，太子读书颇多，但是并没有学到驭人治国的精髓，说白了，就是觉得刘启读死书、死读书，晁老师终于引进了把书本读活的概念，刘启当然觉得眼前大亮，父亲认定的天才人物，儿子当然尊敬。于是，晁错的职称顿时扶摇直上，先是被拜为内史，所谓的内史也就是后来的京兆尹，用现在的话来解释，就是北京市市长，秩级是中二千石。

如今太子当了皇帝，对老师的敬重还是一如既往，所谓一日为师终身为父，刘启对晁老师的宠幸远远超过了对九卿的信任，只要是晁错提出的建议，刘启无不采纳，许多法令都是经晁错的手修改订立的。

晁错受此隆宠，几乎可以说是独揽大权，做臣子做到这种程度，总是危险的，这不，丞相申屠嘉心怀忌恨。

申屠嘉这人，说起来也是四肢发达，头脑简单的主，年轻时，因为有些臂力，非常善于发射强弩，在高祖刘邦的统一战争中当过队率，也就是小队长。如今轮到刘邦的孙子当皇帝了，他就是拼年龄也拼出头了，何况他还挺积极上进的，自从当了小队长后，就开始积累功劳，江山打下来后，当上了淮阳太守。后元元年，那些曾经跟随刘邦打天下的功臣基本上都死光了，申屠嘉终于熬出了头，被拜为丞相，封为故安侯。

申屠嘉这老家伙为官刚直清廉，却粗枝大叶的，有点儿倚老卖老的嗜好，当年看不惯文帝宠幸邓通，差点儿擅自把邓通抓来灭了。现在见这个只会写几篇文章耍耍嘴皮子的晁错居然如此受宠，对朝廷大事大包大揽，心里醋意翻腾。

反正武将一般都看不起文臣，认为他们没有抛头颅洒热血，就会张口搬弄是非；文臣也看不惯武将，认为武将们不就是四肢发达吗，指点江山还是得靠有文化的人，武人就知道拼蛮力，没有智慧可言。没办法，隔行如隔山，想让文武双方彼此理解不是一件轻而易举就能达到的事。

申屠嘉这边对晁错的受宠那是恨得牙痒痒，梦里都在思索着怎么干掉他，但是皇帝那么器重他，不找个站得住脚的理由，哪里能置其于死地呢？

机会很快就来啦！

晁错的内史府位于太上皇庙的内墙外游乐的区域，大门朝东，挺不方便的。为了图个便利，不用每天绕着上朝，晁错便命令属下，在内室府开了个南门，这一工程刚动土，倒把太上皇庙的外墙给凿破了。申屠嘉当即大喜，终于让我找到把柄了，你居然胆敢凿破太上皇庙的外墙，简直就是造反。于是立刻表示了自己的极大愤慨：劾奏晁错擅自凿破宗庙外墙，请下廷尉诛杀晁错。

这一招真毒，说人家欺负到太上皇的庙宇里去了。

还好晁错消息灵通提前得到线报，晁错一听到申屠嘉想劾奏自己，马上以百米冲刺的速度，一溜烟儿跑去找刘启了，找到后又是磕头又是解释又是求情，着实闹腾了好大一会儿。

刘启既然被晁老师打了预防针，一看申屠嘉抓住这件事不放，就想置自己的宠臣于死地，这个世界上哪里有这么容易的事情呀？于是轻描淡写地回答道："丞相你说的是那件事情啊？这是我让他这么做的。那块地也不是真的宗庙墙，一个外墙而已，好多官吏都曾经在那附近住。就因为这事儿，就判定晁错有罪，那可不行，你年纪也大了，早点回去歇息吧。"

申屠嘉一听，有点懵了，这是怎么回事？皇帝对晁错简直就是唯命是从，居然自己把责任扛过来了——我肯定听错了！

申屠嘉掐了自己一把，终于回过神来，皇帝既然说话了，自己哪能不听呢，既然是皇帝说要开南门的，那只能说明我多嘴了，于是连连谢罪，说自己真是老糊涂了，乱告状。

申屠嘉出了宫殿，越想越气，对自己的长史说："早该宰了晁错这家伙，现在是偷鸡不成，反蚀一把米啊！"

申屠嘉回家后，肚子里一直忍着憋着藏着那股怒气，加上年纪也确实大了，没多久，竟然被气死了。晁错当然很得意，这个老头，居然想毒害我，真是咎由自取。哼，我还不费一兵一卒甚至不费一点儿口水。

自此，朝中再无人敢惹晁错，而后晁错不断升官。景帝二年的八月，晁错升任万石的御史大夫，位列三公，仕途达到鼎盛。

晁错削藩

鼎盛过后，必是下落，所谓两山之间必有一谷，两谷之间必有一山。物极必反，月满则亏。晁错后来干的事情，就如同他自己的名字一样，朝错的方向发展了。

因为晁错在一个错误的时间，做了一个正确的决定。

那结果自然也是错的。

做任何事情，都要看时机，要看大趋势。古人讲，顺天者昌，逆天者亡，这并不是迷信。所谓的天，指的是自然规律，比如夏天很热，你偏要穿棉袄。冬天很冷，你偏要光膀子，那你就是自取灭亡。

这就是时机的重要性。

弄错了时机，劳而无功，说不定还会引火上身。

鼎盛时期的晁错给汉景帝刘启提了个很关键的建议，其实这个建议不能说是晁错的独创，基本上和以前的贾谊如出一辙，就是"削藩"。

英雄所见略同啊！

不管是贾谊的提议还是晁错之前给汉文帝的建议，汉文帝都是听了之后很高兴，高兴之后就没有下文了！

为什么？

好建议为什么不实施呢？

这就是汉文帝的智慧，好建议归好建议，却不适合现在去做。

你给我提建议是好事，说明你心中装着社稷，不管我用不用你的建议，我都会给你相应的奖励。

贾谊的建议不合时宜，依然给他大官做；晁错的建议也不合时宜，也同样有大官做。

晁错提议攻打匈奴，分析得头头是道，刘恒听了很高兴，但是并没有因为这是好建议就去攻打匈奴。

刘恒知道自己现在做不了这事，但是这些好建议可以先记下来，他寄希望于自己的子孙，希望他们当中有人能解决这事。

……

其实早在汉文帝刘恒时期，晁错当时还是太子家令，就曾经屡次上书刘恒，应该惩治吴王刘濞，皇太子又误杀了他的儿子，必须削夺了吴国的郡县。刘恒当时坚持着稳定压倒一切的政策，因此没有采纳。

现在晁错既然当上了御史大夫，上书汉景帝刘启，道："以前高皇帝定天下，因为自己的儿子年幼，所以封了许多同姓为王，连私生子刘肥都封了齐国七十二个城池，同父异母的弟弟刘交则封为楚王，也握有四十个城池，侄子刘濞也没少封，掌管吴国五十多个城池，算起来这三家的封地几乎达到了大汉天下面积的一半，这个情况可不乐观呀。吴王因为自己的儿子被您不小心杀了，一直耿耿于怀，多少年来都谎称自己生病不来朝会，早就应该诛杀他了。先帝心地太过良善，总是不能忍下心来诛杀他，反而还赐了倚几和手杖以期笼络他。哪知他不但不知道报恩，反而越发无法无天，骄傲得不行，居然敢公然铸造钱币，到海边煮水制盐，更严重的是，他还私自收留天下各地逃亡的罪犯。今天削除了他的封地，他肯定会造反；不削除他的封地，他也会造反。倘若削藩，他很快就会反，祸患倒还小一些；倘若不削藩，等他积蓄了更多的实力后再来造反，那麻烦就大了，到时会有多少百姓遭殃呀！"

晁错想要办的事，只要你给他开口的机会，他就有办法说服你。

拒绝这种人最好的办法就是不要让他开口！

汉景帝刘启是一个愿意听他说话的人，结果就是刘启被晁错牵着走。

好在晁错是个忠臣！

晁错的话看似合情合理无懈可击，事实上利用了夸张的修辞，毕竟他也是个政客，为达目的得要点儿手段。其实那个时候的齐国早就不是汉朝初年的齐国，早就分裂为齐、济北、胶东、菑川、胶西、济南六个小国家，所管辖的国土比当年的齐国少多了，他们六个国家当时各自为政，整体实力肯定是大减的。而楚国仅有三十六个城邑，就是算上那些位于楚国境内的列侯封邑，算起来也远不到晁错所说的四十个城邑。更重要的是，按照胶西王群臣的分析，就算当时天下所有诸侯王的土地合并在一起，也仅占汉朝面积的五分之一，哪里有晁错说的三家就能占到二分之一。所以说，晁错徇私了，为了达到自己的政治目的，大大使用了夸张手法。

那么晁错为什么要这么做呢？

一来想向皇帝表明忠心，

二来想博取政治资本。

当然，晁错还是为国家着想的，他觉得，如今皇帝宝座已经稳定了，江山代有人才出，是时候废除诸侯王了，这样才能集中王权，有益于天下的稳定。

皇帝现在对我这么好，我总得给他出些好主意才行。

这是晁错的心思，他想借此机会，挖一个巨大的坑，把那些诸侯统统埋葬。

但好心未必能办成好事！

晁错一向以能言善辩闻名，这次的奏疏也不例外，说得头头是道，让人毫无辩驳的余地。刘启看到奏疏，觉得老师句句都言之有理，回忆起自己当年一不小心抡起棋盘打死了刘濞的儿子，那个可恶的刘濞，先是把自己儿子的尸体退回来，说什么天下都姓刘，他的刘太子死在长安就葬在长安好了，这不是明显的反动行为吗？你的儿子葬在长安，不是想着长安就是你自己家土地了吗，害得我老父亲又是赔礼道歉又是封地给你，给足了你颜面。再说了，自己作为皇储，打死你一个愣头青儿子，算得了什么？又不是故意的，解释了千百回你就是不听，人都死了，没想到你竟然因此怀恨在心，居然不来朝会了……

刘启越想越觉得晁错讲得实在是太对了，他决定立刻解决这件事情，晁错说得多对啊，诸侯王坐大，那是汉朝的心腹大患呀，将来必定会造反的，尤其是那个刘濞，我当了皇帝，他肯定恨得咬牙切齿。晚打不如早打，咱不如就来个快刀斩乱麻吧！

主意已定，先找把柄！皇帝权力再大，杀人也是要找借口的，更何况这是一场战争，不能无缘无故就大动干戈！

这年冬天已过，新年来了。楚王刘戊到长安来朝拜新年，晁错立刻劾奏楚王刘戊，理由是，他在为自己母亲薄太后（楚王太后）服丧期间，闲来无聊，看着某个婢女长得水灵，居然在服丧的居室里和该婢女行苟且之事，如此违背礼制的事情也做得出来，应当马上斩首示众。

刘启听了也很气愤，这还成何体统呀？在那么庄严肃穆的场合，居然做那种事情，还是人吗？但是刘启还是很宽宏大量的，虽然这事儿确实让人难以接受，但是不能处以极刑，就削除楚国的东海郡和薛郡以示惩罚吧。

楚国本来就东海、薛、彭城三个郡，这么一削，等于少了三分之二的地盘，大国立马变成了小国。

其实也无关你偷情不偷情的事儿，这些个王爷们，谁不随时随处留情呀，按照当时的情况，这都不是多大的事儿，欲加之罪何患无辞。其他不偷情的诸侯王，也没好下场，这次新年朝会上，赵王和胶西王也因为被晁错挑出了过错而削除了郡县。赵王被削除了常山郡，胶西王被削除了六个县邑，反正这次朝会搞得一个个都血本无归。

这些削除郡县的提案被刘启拿到朝廷上讨论的时候，朝中群臣都知道这是晁错的主意，当然知道晁错的厉害，因此没有人敢提出什么异议。

只有窦婴不同意，从此和晁错结下了怨仇！

半路上杀出个这么不识相的人，晁错冷冷地瞪着他，恨不能眼睛里飞出刀子来，把他干掉。所幸的是，当晁错提出这个损害很多人利益的建议的时候，他自己的日子也快到头了，所以没有时间来收拾窦婴，窦婴因此逃过一劫。

窦婴反对无效。

晁错是谁，死人都可以说成是活的，在他的面前，不是结巴的就变成结巴，是结巴的就变成哑巴，反正是口水都可以把对方给淹死，小小一个窦婴，哪里是晁错的对手。所以，晁错的建议在朝中顺利通过了，楚王、赵王、胶西王只能灰溜溜地回到老家去，而在场的其他诸侯王也都惊骇万分，这不是杀鸡给猴看么？等他们各自回到自己的封地后，整个大汉国土顿时炸开了锅，诸侯王恨不能吃了晁错的肉，喝了他的血，以解心头之恨：这个卖嘴皮子的畜生！

吴王刘濞第一个坐不住了，他不是得到刘恒的特许，不用亲自去朝会了吗？虽然没去长安朝会，但也听到了汉朝正在紧锣密鼓地策划削除大家的封地。那还得了，不能任刘启那个野蛮小子鱼肉，要行动起来，生死攸关的时候来了呀，不行，绝对不能坐以待毙！

人最可怕的能力就是联想，什么事情都经不起联想，一联想准出事！

刘濞越想越不对劲，还是自己先动手吧！

他立刻派自己的中大夫应高去见胶西王刘卬，首先当然得客气一下，探探口风，表示一下慰问，然后说道："咱们吴王鄙陋不肖，心里最近有些忧虑，不敢瞒着你老人家，特意派我过来转达他的肺腑之言。"

刘印客气地说："那还请多多教诲！"

应高发表高见道："现在皇帝任用奸臣晁错，胡乱变更律令，疯狂地侵削诸侯，没有个止境，诛罚也越发严重，最让人担心的是，这种趋势越来越厉害了。有一句谚语不是这样说的么，'狗先吃糠，后欲食米。'他们是永远也不会满足的。吴国和胶西国都是知名的诸侯，被他如此这般吹毛求疵，哪里还能安稳呀？我们吴王年纪大了，身体也不好，二十多年没有去过长安朝请，非常害怕被皇帝疑虑，却没有办法表白忠心，因此日日夜夜提心吊胆。最近听说大王您也因为擅自出卖爵位的小过错就遭到了削除六县的惩罚，这实在是太不像话了，毫无道理呀，我思索着，朝廷恐怕不会就此罢休，还望大王您明察。"

这话真是说到刘印的心里了，他叹了口气，回答道："确实有这件事，但我又能怎么样呢？他是皇帝呀！"

应高胸有成竹地回答道："有共同憎恶的人就应该联合起来对付，有共同喜欢的事物就要联合起来挽留，有共同中意东西的就要联合起来追求，有共同的需求就要联合起来进行抢夺，有共同利益的就要生死与共。现在我们吴王自认为和大王有着共同的忧虑，希望能趁着这个时机，奋不顾身，一同为天下除掉晁错那个祸患，不知道大王您意下如何？"

刘印虽然向来以勇武好斗闻名天下，话讲到这里的时候，他也明白过来了，造反呀？这还真是没有想到呀，不禁吓了一跳。刘印倒吸了一口冷气："寡人怎么敢做这样的事，就算皇帝逼迫，也只有一死而已，怎么能不忠于他呢？"

刘印真有这么忠诚吗？未必，彼此试探一下，造反可不是个闹着玩，当年的贯高、赵午谋划把刘邦杀死在茅厕里，事实上根本没有做成，不也照样举家灭亡了吗？

造反不成，死路一条也。当然，成功的话，就是称王称霸了。

应高道："御史大夫晁错蛊惑咱们的天子，侵削我们这些诸侯，不光是诸侯厌恶他，其实他在朝廷里的人缘也很不好，整个朝廷都对他非常厌恶。说起来，诸侯王哪里敢有背叛朝廷的想法呢，都是被晁错逼上了绝路，不得已而为之啊！现在天下大乱，扫帚星出来了（彗星出），蝗灾也厉害（蝗虫起），这是个立功扬名的好机会，为天下百姓忧劳，也是圣人的职责呀，大王您怎么能推辞呢？我们吴王希望能诛除晁错，宁愿跟随在大王您的车后，攻城略地。只要大王您允许，我们吴王将和楚王联合攻打函谷关，据守荥阳，把敖仓当作自己的粮仓，抵抗汉兵。还可以建立休憩的处所，等候大王您的到来。大王如果肯赏脸驾临，定可以夺取天下，到时候，我们吴王和大王将一起分割天下国土，这不是很好吗？"

这个应高真会忽悠，什么都为刘印想好了，还把自家放得很低。刘印能不被说动吗，终于点头道："这个主意不错。"

应高马上回吴国报告吴王刘濞。吴王刘濞大喜，但是他还是很小心，他担心刘印只是随口说说，于是又偷偷亲自跑到胶西国，面见刘印，签订条约，这才放心。

刘印要造反了，当然得回去跟亲信的群臣商量商量，胶西国的群臣听说了这件密谋，有人劝谏刘印说："诸侯国的土地全部加起来也比不上汉朝的五分之一，反叛胜算不大呀！一旦失败，还会牵连太后，恐怕不大好吧。况且我们现在侍奉这一个皇帝，都已经深感不易，倘若大事成功，将来还得面对吴王，咱还得互相打仗，实在比现在还要麻烦呀！"

反对无效，刘印即刻派使者联系齐、菑川、胶东、济南等数个国家，一起举事。大家这次还真是齐心，毕竟都是当年齐王的子孙，他们很快就答应联盟。

这边，晁错轰轰烈烈地搞起了削藩运动；那边，晁错他父亲急得不得了。削除诸侯王，这得危害多少王孙权臣的利益呀，他们能甘心情愿吗？即便他们不能对当今的皇帝怎么样，他们能放过你这个"始作俑者"吗？大难临头啦！于是，他的父亲为了此事，特意日夜兼程，从老家颍川郡来到长安，他告诉儿子："儿啊，你在玩火呀！新皇上刚刚才即位，根基还不稳定，你不仅当政管理起国家大事，还挑拨起侵削诸侯的领地，这可是离间皇室骨肉的事情呀，你如果还不收手的话，天下诸侯肯定会对你咬牙切齿的，你树敌太多，不会有好结果的。"

晁错的回答很坚决："我做得一点儿都没错，如果不这么做的话，天子不会得到最大程度的尊敬，宗庙也不会安定。"

晁错的父亲绝望了："既然你主意已定，我也没有什么好说的了，也不想再看到你了，我还是回我老家去吧。"他的父亲劝解无效，服毒自尽。

晁老爹爹竟为可预见的灾难，恐惧得先行了断了。

奇怪么？不奇怪。

恐惧是什么，就是预见灾难。死是不可怕的，可怕的是知道自己会怎么死。灾难是不可怕的，可怕的是看不见的灾难，一直存在着，告诉你，要出事。但却迟迟不来。在这惊惶的等待中，你就吓死了。譬如恐怖片，片中的主人公，就是在看不见的鬼魂恐吓下，精神崩溃，直至自杀。

晁老爹爹可能就是这个状态，他被自己预见的灭门之灾吓得神经错乱了，儿子一意孤行，让他更加彻底地绝望了，再也承受不起这种压力了。

第十一章　书生参政

第十二章　七国之乱

晁错之死

晁老父亲走了，晁错却还是很积极。

按理说，稍微有点孝心的儿子，看到父亲因为自己的工作自杀，多少应该有所警醒了。但晁错没有动摇自己的意志，在他坚持不懈的努力下，大汉政府顺利通过了削夺吴王会稽郡、故鄣郡的提议，诏书当即由驿马邮传下达给吴国。

自古忠孝不能两全，这是晁错当时的心理。

吴王刘濞接到这封诏书，知道战争可以打响了，于是立刻斩了使者，一不做二不休，又把汉朝派到吴国的二千石以下的官吏全部杀光后，挑了个好日子，在景帝三年的正月甲子这一天，正式起兵。

起兵来得坚决，征兵工作却来得缓慢，此话怎讲？

吴王虽然在国内苦心经营了四十年，但能征发的军队却实在不多，毕竟那时候的吴越地区可不像现在，那个时候此地还是个比较落后的地区，远没有现在的繁华。地方落后，人口自然也就少得很，就是土生土长一帮人，怎么样来鼓动这些土著为自己拼死杀敌呢？吴国政府部门一合计，想出一个好口令，最后由吴王给大家宣读："寡人今年六十二岁了，准备亲自率军出征；我的小儿子今年十四岁，也要身先士卒。诸位国民，年龄上和寡人相同，下和寡人小儿子相同的，全部出征！"即便如此，合计起来，总共也才二十多万人。于是吴王又派出使者联络闽、东越，闽、东越等国很讲义气，二话不说就答应一起发兵，于是，大队人马浩浩荡荡跟随吴王刘濞出征。

造反就怕有人起头，所以我们说第一个吃螃蟹的人是伟大的，这不，诸侯们一听到吴国起兵的消息，很快，胶西、胶东、菑川、济南、楚、赵也相继出动了自己的部队，只有齐王临时变卦，不肯履行盟约，反而发兵把自己那几个城池给固守起来。还有那个济北王，他本来是准备积极响应的，无奈被自己的郎中令劫持，自身难保，哪里还有法子发兵。一支由胶西王和胶东王为主帅的队伍，率领着菑川、济南两国的士兵，一起围攻了齐国的都城临淄，赵王刘遂也烧死了大汉政府派来制约自己的国相和内史，发兵响应。这个仁兄很不择手段，他通过分析，觉得只有这帮人造反可能威慑力不是太大，于是利用他们国家位于边境的优势，派人联络了大汉的强敌匈奴，准备一起进攻汉朝。大汉这些年被匈奴折腾得烦不胜烦，匈奴的"人马合一"、"长驱直入"，特别让大汉政府头疼，赵王以前本是抗击匈奴的前锋，如今打起来内战，就把自己的强敌引入进来，打不过敌人，就加入他们。匈奴人得到与诸侯国共同进攻汉朝的邀请，当即大喜过望。

吴王刘濞的兵马行动还是很迅速的，很快就到了淮河流域，他们不但行动迅速，思维也很迅速，一到楚国，立刻就把他们的军队接管了过来，看来楚国还真是挺信任刘濞的，可能是因为楚国的始祖刘交和刘濞都不是刘邦的骨血，一听说削除兄弟的封地，更惺惺相惜起来。

吴王刘濞很振奋，在这个地方，他又联合自己的智囊，给诸侯王们写了一封檄文，那文章写得相当有气势，里面不仅充分诉说了自己的委屈，还浓墨重彩地诉说自己不得不发兵的苦衷。鉴于它写的实在不错，奇文共赏，特将此文转载在此。

吴王刘濞向胶西王、胶东王、淄川王、济南王、赵王、楚王、淮南王、衡山王、庐江王、故长沙王子问好。

我三生有幸，今天能够站在这里给大家说说话！因为汉朝现在有贼臣晁错，他这个贱人，身无尺寸之功，却恣意侮辱我们诸侯，侵夺诸侯的土地，就像吃顿便饭一样。我们刘氏诸侯王原本是天生的富贵之人，现在却一个个像劳改犯一般，天下被这个贼臣搅得一团糟，高祖拼死拼活打下的江山如今岌岌可危。皇帝陛下现在也体弱多病，只是喜欢享乐，根本没有发觉晁错的奸臣本质，还对他唯命是从。所以我倡议各个诸侯国举兵诛杀晁错，大家不妨也发表一点看法——我们国家地域狭窄，方圆才三千里，百姓也很少，精兵搜罗起来不过五十万。我一向和南越王感情好，因此南越王愿意派遣精兵三十万交给我指挥，但是本王自知资质愚钝，所以愿意跟随诸侯王一起打仗。此外，南越王还派遣了他的王子亲自率兵攻打长沙，然后西击蜀、汉中，越王、楚王和淮南王不妨跟从我向西攻击，齐国所在地诸位国王则和赵王一起攻击河内和河间，一部分军队可以进入临晋关，另一部分军队就和我一起在洛阳会师。

燕王和赵王不是曾经去请匈奴人攻打大汉，他们和匈奴单于有过和约，燕王可以举兵向北进攻，直指代郡和云中郡，然后率领胡兵入萧关，进攻长安，这样我们就可以匡定天下，使刘氏社稷永保安宁了，希望和诸王共勉。

楚元王的儿子、淮南三王（指淮南王刘长的三个儿子淮南王刘安、衡山王刘勃、庐江王刘赐）十多年来，心情抑郁，一直想找个地方发泄，我当时没有得到诸王的同意，不敢帮他们出气。现在诸王倘若能够伐暴救弱，使刘氏江山安稳，那是无上的功德呀。

吴国虽然贫穷，我节衣缩食三十多年，如今终于也算有点儿积蓄了，就为了今天可以用作军费，希望诸王奋发图强，凡是能够斩捕汉朝大将的人，都赐金五千斤，封万户侯；斩得汉朝列将的人，赐金三千金，封五千户侯；斩得裨将的人，赐金二千斤，封两千户侯；斩得二千石官的人，赐金千斤，封千户侯。

敌方如果有率领军队或者城池投降的，如果投降的有一万军队，城池内有万户居民，就等同斩了敌方的一员大将，其余依此类推。总之，咱们这次的封赏比《军法》上的规定都要高一倍。封赏前已经有爵位的，在原有基础上加封，望诸王能够明白无误地将这些奖赏规则告诉自己麾下的士大夫们，我绝对不会欺骗你们。（凭什么相信你呢，如此赏赐，你哪来那么多的金银财宝呀？不急，会告诉你！）我的金钱藏在天下各地，多得数也数不清，只要需要赏赐，随时随地都可以当场兑现，不一定要从吴国远道运来，诸王日夜消费都花不完。只要有应当赏赐的，尽管告诉我，我将亲自前去颁奖，兑现自己的承诺！

特此声明。

吴王还真是对大家的爱财心理有深入的研究，先许下重赏，就不信大家禁得起巨额奖金的诱惑，为吴王杀敌就是为自己捡金子呀，大家尽情上阵吧！

公元前154年，即汉景帝三年，吴王刘濞联合楚王刘戊、胶东王刘卬等七国发动叛乱，造反旗号为"诛晁错、清君侧"。

吴王刘濞为首的七国部队起兵叛乱的消息很快就传到了长安，造反了？怎么办？刘启其实早就料到诸侯王不会心甘情愿被削除土地，可是没有想到会造反。

此时，晁错的死期到了。

我们前面说了，晁错这个人自恃其才，性格高傲，行事专断，手段残忍，所以在朝的大臣大部分是不喜欢他，只是碍于皇帝对他的格外宠幸，谁也不敢直接表露。

当前有一个申屠嘉反对无效，自己被气死，但是，现在情况不同了，七国叛乱，就是冲着他来的。

窦婴当过吴国的国相，和吴王刘濞关系倒是不错，他因为一直就比较坚决地反对削藩，这和晁错过节就多了，一个坚决主张，一个坚决反对。但是前段时间晁错是占据着绝对的优势，他可以把窦婴的反对忽略不计。

七国起兵叛乱的消息到达长安时，窦婴也有点儿慌张。刚刚不是说他在吴国当过国相吗？还跟吴王刘濞关系不错，这下吴王刘濞居然造反了，你窦婴却没有及时揭发他，一旦皇帝要追究起来，他是脱不了干系的，所以慌张的他觉得自己一定要想出个万全之策，渡过这一关。皇帝追究他的责任是早晚的事情呀。正在这时，袁盎上门拜访来了。

袁盎也被文帝派到吴国，当过吴国的国相，文帝当年本是派他去监视吴王，察探吴王的情况。

此时此刻，窦婴和袁盎就是一根绳上的蚂蚱，联合起来成为必须的选择了。

袁盎在吴国，也确实有意无意目睹了吴王的诸多行为具有反叛嫌疑，但他也看到了吴王的实力，深知倘若自己揭发了出去，定会遭到那般亡命之徒的暗杀，所以自己一方面在为朝廷拉拢着吴王，一方面向长安汇报，都说吴王挺好，很乖，绝对不会反叛，希望做好中间人角色。如今吴王却反叛了，他如何去面对皇帝？人在危急时刻为了求得生存，总是能够超常发挥，加之袁盎这家伙向来都狡诈得很，还很圆滑，江湖传闻那是遗传问题。据说他父亲曾经当过群盗，他本人也曾经当过吕禄的舍人，所谓的舍人不就是出会计谋的人吗？后来吕氏家族全被诛杀，袁盎这个谋士竟然没有受到牵连，可见其功力绝非常人能比。话说当年袁盎在宫中当中郎那会儿，他和文帝的宠臣太监赵谈关系很不好，心里挺忧虑的，又恨又怕，生怕一不小心被抓住了把柄或者人家干脆来个无中生有，到皇帝面前一说，自己死翘翘了。不行，必须先下手为强，想来想去也不得要领，在宫中当常侍郎的侄子袁种得知这一点，给他出了个主意，说："叔叔您就当众侮辱赵谈，让他没脸见人。往后就算他诋毁您，皇帝也不会相信，反而会认为他是公报私仇。"

这一招真毒，想想也真是很管用，袁种对人的心理确实有着深刻的研究。

袁盎听了，觉得很棒，于是随时窥视良机。一天，汉文帝刘恒驾车出游，让赵谈陪着坐一辆车，不想袁盎突然拦住车，义正词严道："臣听说和天子共坐一车的，都是天下豪杰，现在我们汉朝虽然缺人，也不至于沦落到陛下要和一个阉人坐一辆车子吧！"讲得那叫满腔正义呀，汉文帝刘恒都惭愧了，只好让赵谈下车。太监就最忌讳人家说他是阉人了，这个赵谈当场就被袁盎气得哭了起来，还不敢大声。有什么办法呢？皇帝觉得对方说得在理呀！这一招毒吧。

细细数来，袁盎也没有别的功绩，除了会装出一副义正词严的样子。其实他所劝谏的都是一些鸡毛蒜皮的小事情，哪里礼仪不周全，哪里安全有点儿问题。比如，有一次汉文帝刘恒在宫里看那些歌舞看腻了，想玩个惊险的飞车游戏，就是驾车从霸陵上面飞驰而下，当然，是马车。袁盎听说了，惊诧不已，马上跑上前拉住皇帝的马车，苦口婆心地说："臣听说千金之躯，不坐在高堂的边缘；百金之子，不骑在殿堂的高栏杆上；圣明的天子不履危险之地，不行侥幸之举。现在陛下您坐着六马驾的高大马车，驰下灞陵那样危险难测的高坡，万一哪匹马受惊了，出了问题，陛下您怎么对得起太后和高皇帝呀？"汉文帝刘恒一听，感动啊，袁盎真是关心自己，心里对他愈加喜欢。

袁盎的好就在他于能够劝谏，得了一个"直"的好名声，搞得大家都挺佩服他。其实袁盎也挺圆滑，非常擅长搞人际关系，对待下人也挺好。当陇西都尉那会儿，搞得士卒们都很拥护他，愿意为他卖命。

最传奇的是袁盎当吴国国相的时候，他的侍妾和他手下一个小吏私通，袁盎知道了也装聋作哑。他身边有人知道袁盎知道了这件事情，就去告诉那个小吏，说袁盎已经知道你和他侍妾私通了，你还不快逃命去。那小吏真是被吓得不轻：我平时这么小心谨慎还是被发现了呀，大事不好，袁盎肯定是在琢磨着怎样将我千刀万剐。于是骑上马就飞奔逃跑，给自己的上司戴绿帽，一开始那可是个绝对刺激的事情，而问题被发现了后，就绝对有丢掉性命的危险了。

果不其然，袁盎一听说那个小吏畏罪潜逃，立刻亲自骑上快马去追。小吏拼命地跑，袁盎死命地追，这一前一后，折腾了老半天，终于还是领导的马比下属的马高级，追上了。这样玩命地跑，还是被追上了，小吏也认命了，唉，谁让自己好色呢。然而袁盎的一席话，却完全地让他糊涂了。袁盎是这么说的：我拼命来追你，其实只是想把侍妾送给你，你不要惊慌呀！然后又安慰了那个小吏一番，什么大丈夫何患无妻啊，兄弟如手足，女人如衣服什么的。反正就是这个小吏对袁盎感激涕零，从此成了袁盎的心腹。这样的男人，能不成点儿事情才怪，因为他已经超越了正常人的思维。

再来看看袁盎在吴国当国相的行径，乱七八糟的事情干了一大堆，正经事儿基本不过问，这么狡诈的一个人，能没看到吴王的反动倾向或者反动实力吗？可是他写给长安的文书都在为吴王说好话，让朝廷尽管放心。自己装糊涂，天天享受着声色犬马的生活，这样的监督者吴王能不喜欢吗？于是赐给他大量财物。倘若这样也算是个忠直的大臣，那真的是太阳打西边出来啦。

袁盎这个享乐主义者和晁错这个死心塌地忠于主子的人搞不好关系，那是天经地义的事情。他们在朝廷，那就是水与火的区别呀，反正晁错在的时候，袁盎是唯恐避之不及；有袁盎在的场合，晁错也必定是拂袖而去。总之谁也看不惯谁，谁也不搭理谁。

晁错早就想找机会让袁盎吃些苦头了，他当上御史大夫后，即主管监察，监察的第一人，就是这个袁盎。上任没几天，就派人调查袁盎和吴王的财物往来，这一查，当即就发现袁盎收了吴王诸多财物，大喜，马上奏报上去。

然而事情进展很不顺利，不知道那个刘启被袁盎灌了什么迷魂汤，他竟然下诏赦免了袁盎，只是将他免为庶人而已。晁错哪里甘心，一计不成，再生一计。

按照逻辑推理，吴国既然造反，那么袁盎当年确实是得了吴王刘濞的好处，为吴王刘濞的谋反阴谋刻意进行隐瞒，这不吴国造反了么，欺骗君主，按照大汉的律令，就该千刀万剐。晁错就是这么想的，然而事情的发展很奇怪，当晁错授意自己的手下去劾奏袁盎时，这两个手下竟然不同意晁错的命令，理由是："吴国造反还没有开始的时候劾奏袁盎，还能预先知道吴王的阴谋，让我们有所警惕；如今造反已经成为事实了，七国兵马正向西方奔驰而来，我们再拷问袁盎，有什么实际作用呢？再说了，我们认为，袁盎应该不会参与这个阴谋。"

听手下这么一说，晁错不免犹豫起来，说得也是，国难当头，就别搞"窝里斗"了，咱还是联合对外来得重要。晁错自己的下属都为袁盎卖命了，由此可见，袁盎确实很圆滑，很会收买人心，委实不简单。

晁错这人一向果断冷酷，此时竟然莫名其妙地犹豫起来，其实也是因为他真的有颗赤子之心，为国为民谋求安康，自己的私仇先放一边。然而，你放过了敌人，使自己丧失先机，敌人会放过你吗？

人缘特好的袁盎很快就得知了晁错要对自己下手的消息，怕什么来什么，赶忙连夜去找窦婴帮忙，希望窦婴能帮忙推荐一下，让自己亲自面见皇帝，解释清楚吴国谋反的原因。窦婴这人也挺吃袁盎那一套，当即应承了下来。

七国以"诛晁错，清君侧"的名义，联合举兵，皇帝这会儿也不免恐慌起来。太平日子过久了的皇帝能不惊慌吗？于是，刘启马上把晁错召来商议对策，这时的晁错又犯了一个错误，他这样建议刘启：皇帝您御驾亲征，臣则留守长安。叫皇帝出去挡子弹，你留在大后方享清福，这显然犯了一个大忌讳。说起这个御驾亲征，刘邦倒是常常这样干，可是人家是身经百战的开国皇帝，什么场面没有见过呀？可是作为太平时期的天子，从来就没打过仗，其实亲征也起不了什么作用，能把士气鼓舞成什么样，也不得而知，万一打得不好，自己被俘虏了，那就没命了。想当年他刘邦爷爷那么英明神武，都差点儿被敌方围在白登出不来，何况自小锦衣玉食的刘启。再说了，就算亲征，留守都城的也得是太子才好，这个没有二心的晁错，当别人也没有二心了。他怂恿刘启出去亲征，让自己留守，有何用意？难道你等着看我被俘，自己好作乱当皇帝吗？

所以刘启对于晁错的提议挺不乐意，心里也很不高兴。

双方正在僵持的时候，袁盎求见。来得正好，可以缓缓尴尬的气氛。刘启问袁盎："你曾经当过吴国国相，知道吴国大臣田禄伯的为人吗？现在吴楚七国造反，你有什么看法呢？"袁盎说话从来都是先造势的，要么装得义正辞严，要么摆出一副正气凛然的样子，这会儿，当然要好好表现表现了，只见他信心十足地回答："陛下不必担心，很快就会把叛乱平定。"

说得多容易，刘启哪里敢相信，吴王靠着铜山来铸钱，煮海为盐，收留了普天下的豪杰之士，一直隐忍到鬓发苍苍的时候才终于起兵，倘若没有十足成功的把握，他会这么干吗？你说他不足为虑，此话怎讲？

袁盎顿了顿，继续说："吴国确实有铜盐之利，但是您说的豪杰却是一个也没有，倘若真有豪杰之士围绕身旁，就会辅佐吴王忠于陛下，而不是造反。据我看来，吴王所招揽的人，其实都是一些好吃懒做的泼皮无赖以及犯法分子，这些人渣本来就是社会的毒瘤，不想好好干活，正经做人，唯恐天下不乱，如今聚在一块儿了，自然不会干什么好事。"

袁盎这张嘴真是会忽悠人，几句话就把自己从被动转换为主动。他说，吴王刘濞造反其实也不是因为削藩，而是因为自己结交太多的匪类，又没有辨别能力，受坏人教唆，自甘下流，所以闹腾一会儿就没什么戏了。这话讲得多好，一方面有为晁错开脱的意思，另一方面又安了皇帝的心。所以晁错在旁一听，也不禁赞许道："袁盎这小子，讲得还挺有理。"晁错这人对敌人是毫不客气的，就是受不了人家对他好，但这个袁盎也确实太会演戏了，简直达到了戏就是我、我就是戏的程度。所以，往常那个睚眦必报的法家知识分子晁错终于也摆出一副要和袁盎"一笑泯恩仇，把手笑言欢"的架势。

说来说去，晁错还是缺少城府呀！残忍是够残忍，老爹为他而死都没当回事儿，可是面对袁盎这个老奸巨猾的对手，还显稚嫩。

袁盎的眼睛在晁错脸上打量着，他知道，这是目前自己最大的敌人，袁盎不是晁错，时刻为着朝廷、为着皇帝的社稷，他首先得保全自己，什么国难不国难，那军队也不是一天两天就能打到长安来的，以后再随机应变罢了。先搞定晁错再说，于是当皇帝问该怎么办的时候，他目光坚定地回答刘启："希望能让左右回避，臣只想跟皇上您一个人说。"

好啊，大家都退下去吧。

左右都陆续退下后，只有晁错坐在那里一动不动。皇帝这不一直当自己是心腹吗，什么秘密都不应该瞒着他。然而袁盎发话了："我今天所献的计策，凡是做臣子的都没有资格听到。"

刘启急于想知道袁盎的妙计，只好对晁错说："晁老师您也先出去吧。"

晁错大怒，刚刚还以为你小子长脑子了，这下倒嚣张了啊。但是皇帝开了口，又能怎么办呢，只好低头出去，在东厢等候。

袁盎这才开口道："吴王和楚王互相写信，说高皇帝曾经给同宗子弟封王，各有土地，现在这个贼臣晁错却擅自吹毛求疵，寻找诸侯们的过错，削夺他们的封地，他们实在是不得已才发兵的，目的不过是斩杀晁错，得到原先的封地罢了。我个人认为，为今之计，只有先斩晁错，再派使者奉诏书赦免吴楚七国，把原来的封地交还给他们，他们一定会马上罢兵的。"

这个主意真是馊得不行，没点儿含金量。人家要造反，筹划了几十年，千里起兵，得花多大的工夫呀，你杀一个大臣就能退兵吗？

但是刘启还是信了，认为袁盎这个主意不错，七国作乱，不就为了诛杀晁错吗？他们的旗号也是这样写的不是。我把晁错杀了，他们就师出无名了啊，杀一个晁错，这战争不就结束了么，可以少死多少将士呀，百姓也不用担惊受怕了，军费也节省了不少——晁错虽然是个人才，可是这个家伙居然让我御驾亲征，他自己留守后方，防人之心不可无呀！

听完袁盎的馊主意，刘启默然良久，详细地对比了两个方案，最终做出决定："我不会吝惜一个人的生命向天下道歉的。"

主意已定，刘启立刻拜袁盎为太常，让他和宗正刘通（刘濞的侄子）一起整理行装，出使吴国。

十多天后，得到皇帝授意的丞相陶青、中尉嘉、廷尉张殴一起劾奏晁错，理由是，吴王造反，大逆不道，天下人都应该起来诛杀他们。然而御史大夫晁错却主张将徐（今江苏泗洪南）、僮（今安徽泗县东北）两县旁边吴国没有攻下的地方都送给吴国，干起了离间陛下和群臣关系的勾当，又想把城邑送给吴国，简直是大逆不道。

群臣商议，一致认为应该判决晁错这个贼子腰斩，他的父母妻儿以及同族兄弟，无论老少全部弃市处死。臣等恳请陛下按照法律批准。

刘启例行公事，提笔在这封奏书后批复："批准！"

集法家之大成者、冷酷无情的爱国者、皇帝的良师益友晁错，终于被他的主子卖了。刘启自己当然不好意思去面对晁错的赤胆忠心，他命令中

历史原来这么有趣 · 汉朝卷——后刘邦时代

尉嘉去把这件事办妥。

中尉嘉来到晁错家，哄骗道："皇帝陛下紧急召见您，您赶快动身跟我过去吧。"晁错不知道情况，还以为战事告急，赶紧按部就班地穿上朝服，上了车。

中尉拉着晁错在长安市上兜了一圈，就是没有往西南边的未央宫赶。晁错觉得疑惑，怎么载着我往贫民窟方向跑呀。中尉回答："最近听说要打仗，百姓都慌乱不安定，大量买进食物储存，担心物价飞涨，您最好去慰问一下，这样肯定会让百姓的民心安定一些，物价也将回落一些。"

去视察民情，好事。晁错想着，自己是御史大夫、副丞相，长安人谁不知道自己是皇帝的宠臣，咱出面说几句话，稳定一下局势，那也是应该的啊。于是任由中尉车子拉着跑。

然而，车子在长安西市停了下来，还没等晁错发话，中尉突然就变了脸色，从怀中掏出诏书，宣判：晁错大逆不道，当行腰斩。

晁错魂飞天外，可是来人没有给他太多时间思考和害怕。早就准备妥当的刽子手迅速将他拖到行刑地点，连衣服也来不及帮他脱，手忙脚乱将他按倒在斧子上，咔嚓一声，将其斩为两截。

紧接着，晁错的一家老少也被囚车拉到这个地方，相继砍掉了脑袋。

铁面无私、精忠报国的晁错到死也不会明白，他当年跟先帝刘恒提出，应该教育太子刘启如何驾驭权势，如今，自己一家子倒先被驾驭了。晁错父亲太有先见之明了，可惜呀！儿子不能跟他想到一块儿。

这会儿，山东的战事正打得如火如荼。

晁错既然死了，要诛晁错的人这下该满意了吧，刘启在宫里欢天喜地等待着善于忽悠的袁盎带回好消息。

然而，这时有个人回来了，却给刘启带来一个坏消息，让他深为痛惜。这个人就是谒者仆射邓公，他从吴楚前线归来，刘启问他："你们那边已经知道晁错死了吧，怎么样，吴楚准备罢兵了吗？"

邓公回答："吴国准备谋反都十几年了，以不想削地为理由，诛杀晁错其实都只是个借口罢了，陛下您杀了晁错，我担心以后再不会有忠臣为陛下考虑了。"

刘启心虚地问："此话怎讲？"

邓公答："晁错本来是担心诸侯势力过大，才进言削夺诸侯的土地，这是有利于咱们汉朝万世基业安稳的大功呀，可惜计划刚一施行，竟然遭受腰斩。往内说，皇帝您的行为是钳制忠臣的嘴巴；往外说，这是为反叛的诸侯王报仇呀。臣个人认为陛下您这件事做得实在是不应该啊。"

听邓公这么一说，刘启又想起来晁错的诸多好处，加之处死了他自己也确实没有得到什么益处，悲羞交加，长叹道："你说得很对，我自己也非常后悔啊！"

后悔归后悔，已经不可补救了，晁错全家都被你杀光了。

话说这时，袁盎和刘通两个人来到梁国东面，碰见了正率领吴楚兵马攻击梁国的刘濞。听说自己的侄子来了，便下令召见他。叔叔这仗打得不错，贤侄来得真是时候。刘通于是以宗正（掌管刘氏宗室事宜的官员）的名义要求刘濞跪地接受诏书，刘濞听说袁盎也来了，知道他嘴巴厉害得很，笑着对侄子说："跪啥子地，受啥子诏？我如今已经是东帝了，谁拜谁啊。"炫耀完毕，用几句话把刘通打发了出去了；至于那个善于忽悠人的袁盎，刘濞根本不待见他，还派人奚落他，问他愿不愿投降自己，为自己带兵打仗。袁盎这点儿骨气还是有的，没有投降。不投降，那就关起来吧。刘濞命令把袁盎关起来，还特别照顾起来，派了一个都尉率领五百人看守。袁盎这次还算走运，危急时刻，没想到碰到一个救星，这个救星还是自己的熟人。

此人我们前面提到过，就是当年袁盎在吴国当相国那会儿，曾经送给一顶绿帽子给他的那个小吏。当年袁盎很阔气地把自己的小老婆送给了他，危难时刻，这个人报恩来了。

小吏这时正好是看押队伍里的一个司马，一不小心看到自己的恩公袁盎居然当了阶下囚，他哪里看得下去呀，当年受其恩惠的情景历历在目，于是心生一计，马上买了二石美酒，送给看守西南角的士卒们喝。

当时正是正月，北风那个吹，大雪那个下，士卒们冷得直哆嗦，见了美酒，那还得了，立马喝起来，没过多久就醉醺醺地倒了一地。袁盎就这样被小吏拉出来，捡回了小命。既然出了牢房，得赶紧地逃命，于是连夜步行七十里，一直见到梁国边境上巡逻的骑士，这才连忙呼救，辗转回到了长安。

唉，实在是不利呀。如此说来，这个袁盎确实也不算坏，他确实以为吴王没有什么能耐，当真以为他们只想杀晁错，要回封地就罢休了，所以才给刘启出了这么个馊主意，搞得自己性命不保，实在是失策。好在袁盎这个人会笼络人心，危难时刻总是有人罩着他，晁错好不容易逮着个机会告发他贪污受贿，皇帝给他作保；七王乱起来了，晁错思索着再折腾他一下，不想晁错自己的下属都帮他说话；这会儿不小心被乱党分子逮住了，又有曾经给他绿帽子戴的人舍身相救，这样的人，会死吗？生性耿直的晁错哪里是他的对手啊！看着这一阴一阳的两个帝王心腹，结果是那样的截然不同，政治还是得多讲究点儿策略才行。

周亚夫登场

危难时刻，刘启任用了两个人：他妈妈窦太后的侄子窦婴和他爸爸刘恒留给他的军事天才周亚夫。

话说这个周亚夫，其实在刘恒当皇帝时，就已经颇为闪亮了。他的传奇经历，待我细细道来。

周亚夫是大功臣周勃的公子，这个武将之子自小学习的当然就是武术啊、兵法啊什么的，人特别直率，跟他老爸周勃先生有一拼。他起先是做河内郡守，这个高干子弟对待工作特别认真，也没有做王侯当丞相的野心。

当时有个叫许负的人，以善于看面相著名。有一天，周亚夫闲来无事，便把许负请到自己的官邸中，为自己看相。许负一番思索后，认认真真地对周亚夫说："您的命相非常尊贵，三年之后应该是可以封侯的，再过八年，就可以做丞相了，地位显贵之极，但您再过九年，就会因饥饿而死。"

周亚夫听了，大笑起来，这个号称"见面识命"的人也太会忽悠人了吧，他回答道："我怎么会被封侯呢？我绝对不可能被封侯的，我的哥哥不是已经继承了父亲的侯爵，即使他死了也会让他的儿子继承，哪里轮得到我。说我饿死也不可能吧，前面说我地位显贵，一下子又饿死了，实在太夸张了，您逗我玩的吧？"

许负见周亚夫完全不相信自己，也不便多说什么，预测未来这种事情，必须等到了未来才能验证正确与否，所以他告诉周亚夫，自己只是根据面相得出结论，许负还指着周亚夫的嘴角说："您的嘴边缘有条竖直的纹到了嘴角，这是种饿死的面相呀！"周亚夫听对方讲得那么有理有据，惊讶不已。

无巧不成书，过了三年，周亚夫的哥哥周胜之因为杀人罪被剥夺了侯爵之位。汉文帝念周勃为汉朝的建国立下汗马功劳，并且将皇位亲自奉送给他，所以不愿意就此剥夺了周家的爵位，于是下令推选周勃儿子中最优秀的一位来继承爵位。周亚夫为人不是挺直率的么，人缘也不错，于是大家一致推举了他。所以周亚夫便继承了父亲周勃的爵位。

公元前 158 年，即汉文帝六年，匈奴进犯大汉王朝的北部边境，刘恒急忙调边将镇守防御。为了警卫京师，他又派三路军队到长安附近抵御守卫。祝兹侯徐厉驻守在棘门，宗正刘礼驻守在灞上，身为河内太守的周亚夫则守卫细柳。

周亚夫的这次守卫工作做得很特别，历史上赫赫有名。结果是大臣很愤怒，皇帝很开心。

刘恒向来是亲民的，他为了鼓舞士气，亲自到三路军队里去犒劳慰问。刘恒先是来到灞上，再到棘门，这两处都很顺利，不用通报，军营守卫见到皇帝的车马来了，都主动放行。两地的主将还真是满足了刘恒"慰劳你个措手不及"的初衷。直到文帝到了军营，他们才知道消息，慌慌张张跑出来迎接。不过他们倒还是挺能知错就改，刘恒一行人慰问完毕，两地的主将都是亲率全军，送到营寨的门口，依依惜别。

当刘恒一行来到周亚夫的营寨，却遇到了和先前两处截然不同的待遇。首先是皇帝前边开道的人被拦在营寨之外，他们先是吃惊，而后是愤怒，皇帝要来了，你们居然敢不开门？是的，不开。军门的守卫都尉解释原因，说道："将军有令，军中只听将军命令，不听天子诏令。"开道者没办法，争吵也没有什么用，秀才遇到兵，有理说不清。终于等刘恒到了，派使者拿自己的符节进去通报，周亚夫才命令打开寨门迎接。

进了军营，皇帝一伙也不得安宁。守营的士兵严肃地告诉刘恒的随从："将军有令，军营之中不许开快车骑快马。"车夫见识了他们把开道者拦住的场面，哪里敢在这些个铁面无私的将士面前放肆，只好控制着缰绳，不让马走得太快。

到了军中大帐前，周亚夫一身戎装打扮，出来迎接皇帝一行人等，手持着兵器向文帝行拱手礼："我披着战甲就不跪地拜迎了，请陛下您允许臣下以军中之礼拜见。"文帝听了，倒是非常感动，欠着身子扶着车前的横木向将士们行军礼。

犒劳完毕，出了营门，待驾人员顿时说开了，不满的居多，这个周亚夫，太不像话了，居然胆敢对皇帝这样无礼，还真是不知道自己几斤几两！汉文帝大为感慨，安慰惊讶的群臣，道："这才是真将军啊！那些灞上和棘门的军队，简直如儿戏一般。你看我们那么大摇大摆地走了去，他们都慌慌张张出来迎接，倘若敌人来偷袭的话，恐怕他们的将军也要被俘虏了。可是你们看周亚夫，他怎么可能有机会被敌人偷袭呢？"

刘恒回去后好长一段时间里，都对周亚夫赞叹不已。这个皇帝眼光确实独到。

皇帝很满意真是件好事情，话说一个月后，匈奴兵退去。汉文帝命三路军队撤兵，而后马上升周亚夫为中尉，握有京城的兵权，负责京师的警卫。有周亚夫来保卫都城，皇帝很放心。

细柳探营事件的影响力还真是深远，这不后来，文帝病重了，弥留之际，嘱咐太子刘启道："以后关键时刻可以用周亚夫，他是可以放心使用的将军。"

文帝去世后，刘启登基，让周亚夫做了骠骑将军。

力挽狂澜

七国之乱开始后，大队人马直逼长安城，晁错也被错杀，刘启终于抛弃一切幻想，准备全力镇压。他拜太尉条侯周亚夫为将军，率领三十六将军东征迎击吴楚；又派遣曲周侯郦寄率兵迎击赵国，将军栾布率兵迎击齐国，大将军窦婴，先率兵屯据在荥阳，观察齐国和赵国军队，相时而动。

周亚夫一接到命令，很兴奋，大敌当前，当然片刻不敢耽误，当即乘坐着当时最快的交通工具：六马驾驶的邮车，一路狂奔至前线荥阳。

到灞上的时候，周亚夫被一个叫赵涉的人拦住了。赵涉拦住周亚夫，献上一计："吴国一向富得流油，历年来又收留了来自各国的逃犯，从众挑选培养出很多死士刺客。这次肯定会事先打探将军您的动向，如果知道将军从长安出发，一定会派人在崤山和渑池那些狭窄地点伏击您，况且兵事贵神秘，将军为何不走右边大道，经过蓝田，出武关到洛阳呢？那不过比你现在计划走的这条道晚一两天到达而已，到了洛阳，将军您直入武库，击鼓聚兵，那些诸侯反贼肯定会以为将军您是从天而降，那多过瘾呀。"

周亚夫想了想，觉得赵涉讲得有理，于是采纳了这条计策，一路安全到了洛阳，立刻派人去搜寻崤山、渑池那地儿，果不其然，搜到了吴国的伏兵，赵涉这小子还真不赖呀，料事如神！于是马上收他为护军。

在护军赵涉的策划下，周亚夫接着又拜见了当地的黑社会头目剧孟，拜访很到位，周亚夫回家后开心地大笑道："七国造反，我乘坐专车来到这里，没想到一路上这么安全；又以为七国诸侯一定会笼络剧孟，哪知他们竟然完全没有认识到剧孟的价值，真是一帮大白痴呀，这么愚蠢的人，还想成功？如今我将据守荥阳，荥阳以东也就没什么可以值得担忧了。"

剧孟是一个黑社会头目，按照当时的话说，就是一个大游侠。当然游侠和黑社会老大还是有区别的。相似的是，游侠和黑社会一样，是不和政府合作的；不同的是，游侠喜欢劫富济贫，一诺千金，替天行道，而且不追求任何报偿，而黑社会干的事，则是相反的。

所以，这个剧孟看起来，比那些个小国政府好得多。百姓碰到小偷、强盗，可以到衙门告官，但是衙门的服务是有报偿的，他们都是有工资的，那工资就是每个百姓交的税、徭役。而游侠则不同，只要他看中了你，立刻拔刀相助，你要是给他报偿，那是你看不起他，侮辱了他，以后说不定就不乐意帮你了。

施恩不图报的剧孟到底在这场战争中起了什么作用？史书上没有讲。但是我们可以从一件事情上看到剧孟的强大号召力。据说他母亲去世的时候，从全国各个地方云集了上千辆高档车前来送葬，但是剧孟自己家里却不富，家产总共加起来还不过十金，也就是个小康之家的样子。这就奇怪了，那么多阔佬争先恐后去巴结一个穷鬼，当时的社会的确是很看重人才。

周亚夫离开洛阳后，继续奔至淮阳，问自己老爸周勃以前的门客邓公："这下如何是好？"邓公答："吴兵兵势锐猛，难与争锋。楚兵则轻薄，虽然看似勇猛，但是难以持久。将军您不如引兵奔赴东北方向，在昌邑县构筑营壁，深挖沟高筑垒，坚守起来，让吴国先去攻打梁国。等他们打得不可开交了，将军再派轻骑截断淮水和泗水的接口，让吴国的给养和粮草都无法运送。吴兵和梁兵互相厮杀久了自然就会疲惫，到那时，粮道被切断了，粮食接济不上，将士们一没饭吃，必然大乱。我军就可以以逸待劳，一举出击，把吴国给灭了。"

周亚夫想了想，不错，便完全照办。吴国这边当然也有大批的良将，吴王当年不是收留了好多亡命之徒么，里面还是有些人才的，问题是，刘濞不识人才。

吴王任命田禄伯为大将，田禄伯向他提议道："咱们这些兵就这样聚集起来按照常规进攻，毫无出奇之策，必定是难以取胜。所以臣愿意率五万人，沿着江淮而上，进攻淮南、长沙，从武关进入关中，和大王会师，周亚夫他们肯定料不到，这是一支奇兵啊。"

然而，吴王太子当即就对这个意见表示反对："大王以造反起兵，不管怎么说，名声总是不大好听的，所以兵最好还是掌握在自己手里比较妥当，否则别人把兵带走，也学我们，又同样造反，那我们怎么办呢？再说了，分兵另行，事有不便，不是白白削弱了自己的力量吗？"吴王刘濞一听，自己心里也有点儿担忧，就拒绝了田禄伯的计谋。

吴国另一个少将桓将军也劝谏道："咱吴国多的是步兵，步兵适合在险峻的地势作战，而汉朝多车兵和骑兵，车骑部队适合在平地作战。我建议大王率兵火速西进，占据洛阳的武库，以敖仓收藏的粮食作为给养，再依据山河的险峻号令诸侯，到时候就算没有入关，天下基本上也算大定了。倘若大王率兵的行动迟缓，每攻占一个城市都要留守，不仅削弱了战斗力，等到汉军车骑驰入梁国和楚国之郊的平原地带的时候，事情就麻烦了。"

吴王刘濞听了有点儿犹豫，于是便去问吴国的一些老将，老将们不以为然地说："这些年轻人就喜欢冒进争功，嘴上无毛办事不牢，凭他们是干不成大事的，大王您纯当他们胡扯好了。"于是，犹豫不决的吴王刘濞没有采纳桓将军的建议。

由此我们可以看出，刘濞虽然有雄心，但并不善于用兵。他年轻那会儿打仗时的骁勇之称，估计也只是匹夫之勇。

周亚夫这边却是用兵如神，话说梁国被叛军轮番进攻，梁王哪里经得起这么折腾，马上向周亚夫求援。周亚夫却派军队向东到达昌邑城（今山东巨野西南），坚守不出。梁王再次派人求援，周亚夫还是不发救兵。最后梁王只好写信给自己的哥哥刘启，刘启于是下诏要周亚夫进兵增援，周亚夫还是不为所动。但却暗中派军截断了叛军的粮道，还派兵劫去叛军的粮食。叛军只好先来攻打周亚夫，但几次挑战，周亚夫就是不出战。时间一长，周亚夫军中都有些军心不稳了。

一天晚上，周亚夫的营中突然发生骚乱，嘈杂声连周亚夫的大帐里都能听见，士兵们人心惶惶，但周亚夫始终躺在床上不动。大家看他那么镇定，不一会儿，骚乱就自然平息了。

几天后，叛军大举进攻军营的东南，声势浩大，但周亚夫算计到对方的计谋，让部下到西北去防御。结果在西北遇到叛军主力的进攻，叛军发现自己的计谋被周亚夫识破，就退兵了。后来叛军缺粮，被周亚夫的精兵击退，兵败如山倒。吴王刘濞的人头也被越国人割下送来。

吴王刘濞在造反后，大肆行赏，还没渡过淮水，他所有的宾客就都被封了将军、校尉、侯、司马，只有一个叫周丘的人，却什么也没得到。其实吴王刘濞对于财物还是大方得很，问题是周丘这家伙喜欢酗酒，一高兴就喝得酩酊大醉，一不高兴也喝得东倒西歪的，吴王刘濞瞧不起他。

大家都提着脑袋跟你造反，凭什么每个人都升官发财了，就我没有呢？周丘很不服气，主动求见吴王刘濞，说："我因为无能，以致大王对我不理不睬的。我也不敢要求当什么将军，只希望大王您能赐给我一支汉节，我一定会有所报答的。"

第十二章　七国之乱

所谓的汉节，就是用竹子做的，上面缠着牦牛尾巴的东西，用以做皇帝的凭证，臣子拿着这个汉节出去，象征着自己地位很高，就可以忽悠人，谁都得给他面子。民族英雄苏武出使匈奴那会儿，被发配到冰天雪之地去牧羊，一牧就是一二十年，什么也没有了，就是不肯丢掉汉节，就是因为这个东西真的很宝贵，虽然一时毫无用处。

吴王刘濞倒不在乎，金银财宝不发你，重要会议不请你，要汉节嘛，不就相当于印制一张委任状吗，拿去！

周丘得了汉节，马上连夜驰到自己的老家下邳县，下邳人已经听说吴国造反，早早就把城门关上，准备着固守了。周丘来到下邳城外的官方传舍休息，亮出汉节，大声吆喝造势，命令下邳县令来见自己。县令本想出来探个虚实，哪知一出来，就被周丘命令随从当场给斩首了。随后，周丘立刻召来自己家的三姑六婆，左邻右舍以及曾经与自己有过交情的县政府工作人员，对他们说："吴国的兵马马上就要到达了，屠杀下邳不过是一顿饭之间的事。如果我们出来马上投降，家里人都能保全，有些才能的话，说不定还可以封侯。"

下邳人一听都吓坏了，马上献城投降。周丘一夜之间征集了三万人，派人报告吴王刘濞，自己率领这些人北进征伐，到了城阳的时候，兵马已经增长到十多万，击破了城阳郡都尉。哪知正在周丘志得意满的时候，一个坏消息传来，吴王刘濞已经兵败逃亡了，周丘顿时心灰意冷，自知没有什么前途了，于是带兵逃回下邳，走在路上，越想越气，最后背疽发作而死。

七国叛乱经三个月终于平定了，大战结束后，刘启又进行了一系列的扫尾工作，以便巩固政权。

周亚夫这次真是出名了，上至皇帝大臣，下至黎民百姓，纷纷称赞周亚夫用兵如神。但梁王却因为周亚夫没有及时救援他，和他结下深仇。

周亚夫的"地下谋反"

公元前 152 年，丞相陶青因病退职，汉景帝于是任命周亚夫为丞相。起先，汉景帝对周亚夫是相当器重，力挽狂澜的英雄人物，不器重几年才怪。坏就坏在周亚夫的脾性太过于耿直，不会讲究政治策略，说话总是直来直往的，就像当年在细柳营一样，原则问题上，即便对象是皇帝，也是不讲一点儿情面的。汉景帝刘启的脾气可没那么宽厚，嘴上不说对你的不满就不错了，疏远你算是客气。

有一次，汉景帝想要废掉太子刘荣，大家都没敢出声。周亚夫却反对得坚决，毫不把景帝的意见放在眼里，这是汉景帝刘启疏远周亚夫的开始。

汉景帝刘启动了坏心思，梁王就有机会了，每次到京城来看望母后和皇兄，梁王必定在窦太后面前抱怨周亚夫的不是，这对周亚夫很不利。要知道，梁王可是窦太后的心头肉，窦太后曾经还巴望着刘启把皇帝的位置传给他，你个周亚夫居然见死不救，没好果子给你吃！太后于是就到皇帝面前控诉周亚夫的冷酷无情。刘启也是个挺孝顺的孩子，精明贤惠的母亲都这么说了，心里自然对周亚夫产生了不满。

紧接着又发生了两件事，导致了周亚夫的悲剧。

一件是皇后兄长的封侯，一件是匈奴将军的封侯。

窦太后当时想让汉景帝刘启封皇后的哥哥王信为侯，但汉景帝刘启不愿意，说窦太后的侄子在文帝在世的时候也没有封侯。窦太后顿时委屈了，说她的哥哥在世时没有封侯，虽然侄子后来封了侯，但总觉得对不起哥哥，所以劝景帝赶紧地封王信为侯，景帝怕在朝堂上难以通过，但是又不好当面拒绝，于是推脱说要和大臣商量。

汉景帝刘启于是和丞相周亚夫商量，周亚夫为人耿直哪里有什么忌讳，回答说："高祖说过，不姓刘的不能封王，没有功劳的不能封侯，如果封王信为侯，不是违背了先祖的誓约吗？"

窦太后等听了自然无话可说，心里面却气恼得很。

后来匈奴将军唯许卢等五人归顺汉朝，景帝高兴得不行，当即想封他们为侯，以鼓励其他人也归顺汉朝，但是周亚夫又反对了，说："如果把这些背叛国家的人封为诸侯，那以后我们如何处罚那些不守节的大臣呢？"这话真是大煞风景，景帝听了很不高兴，也不客气道："丞相的话简直迂腐不可用！"然后将那五人都封了侯。

周亚夫失落的很，托病要辞职。汉景帝刘启早就不想让这个木头脑袋在身边烦他了，反正天下太平也不要你来救急了，回去生病吧！于是很快就批准了他的请求。

过了些时日，汉景帝又有点儿想念周亚夫了，这个人可是我父皇留给我稳定江山的呀，现在是天下安定，可谁知道明天是什么情况呢？想来想去，其实他也没有犯什么大错，就是脾气坏得很，不好好讲话。于是便把他召进宫中设宴招待，想试探他脾气是不是改了，所以故意给他一整块大肉，而不放刀叉筷子在他面前。周亚夫看着那一大块肉，不高兴地向管事的要工具，汉景帝刘启笑着对他说："莫非这还不能让你满意吗？"周亚夫羞愤不已，心不甘情不愿地向景帝跪下谢罪。汉景帝刘启刚说了个"起……"，周亚夫马上站了起来，不等景帝把话讲完，就自顾自走了。汉景帝刘启叹息道："这种人怎么能辅佐少主呢？"

汉景帝刘启大大失望了，周亚夫你就回家养老吧，我也不指望你了。

然而，这事刚过去没多久，周亚夫又惹祸了，这次的主犯是他的儿子。

周亚夫的儿子见父亲年老了，便偷偷买了五百甲盾，准备在他去世后发丧时用，这甲盾是国家禁止个人买卖的。再加上周亚夫这儿子也真是太不厚道了，就喜欢打点儿小算盘。他不仅给佣工期限少，还不想早点给钱，又让马儿跑，又让马儿不吃草。世界上哪有这样的美事？终于，佣工们忍不住了，想来想去，心生一个毒计：告发他私自买国家禁止的用品，要谋反。

要造反？天哪，这种事情可不是开玩笑的，被七王之乱搅晕了脑袋的景帝当即派人追查此事。

负责调查的人叫来周亚夫，询问他原因。周亚夫哪里知道儿子做了什么，态度当然好不到哪里去，对问的问题不知如何回答，便不回答，自己行得正站得直，怕什么？

负责调查的人当然就以为他在赌气，于是便向汉景帝刘启报告了。汉景帝刘启很生气，将周亚夫交给最高司法官廷尉审理。

廷尉问周亚夫："君侯为什么要谋反啊？"

周亚夫反问道："我儿子买的都是丧葬品，怎么能说是谋反呢？"

这成何体统，廷尉当然很生气，讽刺道："你就是不在地上谋反，恐怕也要到地下谋反吧！"

周亚夫受此屈辱，哪里受得了，起先差官召他入朝时他就要自杀，觉得太屈辱了，自己拼死拼活保卫国家，居然被皇帝怀疑造反，幸亏被夫人阻拦了，这次又受更重的羞辱，自是难以忍受，于是绝食以示抗议，五天后，吐血身亡。应了当年相面术士许负的话。

周亚夫是个军事奇才，性格决定命运，他终于死在自己的性格上，实在令人叹息。

第十三章 皇位之争

别当真，朕酒后戏言尔

既然朝廷的内乱解决了，皇位传袭很快就被提上了议事日程：汉景帝以后，谁来当皇帝？

其实关于这件事情，汉景帝刘启很早就考虑到了，他有一次不知是酒后失言，还是高兴得头脑发热，说了一句话，将自己的亲弟弟拉进了这场皇位争夺战中。

这事儿还得从汉文帝刘恒说起。刘恒当代王时，可是一个有节制的代王，他既不贪财也不贪色。何以为证？他有四个儿子。堂堂一个王爷，后宫佳丽无数，居然只生了四个儿子，在当时真的只能用"仅仅有"来表示比较恰当，因为那个年代，多子多福，随便哪个平民百姓，家里都是生七个八个儿子的。但是代王刘恒与原配的四个儿子都没有当太子，而是窦氏的大儿子刘启当了太子，原因很简单，前面的四个儿子都死得早。

刘启于是变成了老大，老二刘武也是窦氏生的，两兄弟好得不得了，他们都是在很平民化的环境中出生的。按照规矩，老大刘启当然就是皇帝的继承人，弟弟想通过正规途径做皇帝，除非哥哥刘启愿意禅让或是在继位前就先行归天。但是，启哥哥的身体很棒，弟弟就老老实实做小王吧。因为都是同一个母亲生的，他们兄弟两个相处还是很融洽的。

按照宗法制度，长子自然是太子，太子比任何的王都高贵，不必封王。而小儿子刘武被封为代王。这个代国就是他们的父王汉文帝刘恒当年的封地，那里偏僻得很，还是汉朝与匈奴交界的地方，危险系数也比较高的，历来都是封给那些不是很受宠的王子的。

刘武做了代王不到十年，他的异母弟弟，也就是被封到地盘最好的梁怀王薨了。这个梁怀王还比较年轻，没有子嗣，于是，代王刘武便接替了他的弟弟，做了梁王。这还是多亏了他娘窦太后，她很宠爱这个小儿子，有了好差事，第一个就想着他。

在梁国做王爷还真是舒服，梁王其实不用操心什么政务，朝廷派下去的地方官会把一切事情打点好的。所以我们的梁王在一般的情况下都没有回梁国居住，他和太子、太原王都是居住在长安的。藩国虽然土地肥沃，商业繁荣，哪里比得上京师呢？所以说白了，刘武这个梁王，只是在梁国拿一分子钱粮而已，基本是不参与王国的治理的。

就这样，平平安安又过了十四个春秋，刘恒终于走尽了自己的岁月。刘启登基了。在后宫，刘武总是拉着他大哥的手同进同出，感情好得不行，窦太后当然乐不可支。刘武虽然不得汉文帝的特别宠爱，但是他和刘启，也就是现在的皇帝的关系却是非常好的。

事情就坏在这两兄弟感情好得过了头。

话说这天窦太后心情特别好，举行了一次家宴，这次宴会的规模虽然小，但规格却很高，把名单列出来大家就知道了，参加此次宴会的人物有：窦太后、皇帝刘启、梁王刘武，还有窦太后的得意侄子窦婴。

都是自己人，在饭桌上也就不那么拘束了，大家说说笑笑打打闹闹，吃得不亦乐乎。刘启好久没有和老妈弟弟们一起畅饮了，一时高兴，多喝了几杯，于是拉起梁王的手，讲了一句亲切话："我千秋之后，皇位就传给梁王吧。"刘启还把手在刘武的肩头重重地一按，表示这话是没有水分的。

窦太后喜不自禁，大儿子当皇帝，二儿子也当皇帝，哎呀，我真是能耐呀，生出两个皇帝。但还没举杯庆祝，贤侄窦婴马上出来纠正道：汉朝的天下，历来是父子相传，皇上怎么能擅自传位给自己的弟弟呢？

窦太后立马从"欢喜"到"憎恨"，这个窦婴真是不识相，还是我们窦家的人呢，不说话没人把你当哑巴！窦太后很生气，后果很严重，最直接的表现就是：家宴不欢而散。

刘武虽然和皇帝哥哥关系好得很，还得到哥哥对于地位的许诺，但是他自己还是有担待的。他心里虽然也挺乐呵，但是面上没有表露什么，只是在心里狂喜了好久。窦婴反对，他也没有做任何的反应。他明白，对这样的事情，自己不做任何反应就是最好的反应，毕竟，这么关键的问题，任何反应都有可能给自己惹来杀身之祸。

家宴过后，新一年的春天来临了，随同春风一起来到长安城的还有吴楚赵七国造反的消息。问题还挺严重的，吴楚联军一袋烟工夫，就攻克了汉朝好几处军事重镇，杀掉了好几万的汉军。天下的局势看似岌岌可危。

在长安养尊处优了二三十年的刘武，这个时候要准备出去独当一面了。他可能在内心这样想着："我现在再不锻炼和磨砺自己，将来怎么可以接替哥哥的位置呢？"

如此说来，梁王刘武开始把自己往一个贤明的皇帝打造了。

实事求是地说，梁王在这次战争中确实立下了汗马功劳，牵制了大量的敌军，虽然曾经一度以为自己挺不住了，强烈要求周亚夫前来增援，但挺得久了，也就挺出技巧来，远道而来的叛军最终被各个击破了。

在自己立下的伟大功勋面前，在皇帝拍着他的肩膀说驾崩后传位于他的许诺下，在皇太后的庇护下，梁王觉得自己登顶的机会是大大地增加了。

窦太后也觉得，原先皇帝儿子就慷慨承诺传位于小儿子，如今小儿子特别争气，还立下了赫赫战功，这个皇位，宝贝儿子坐定啦！

与此同时，另一场战争也在如火如荼地进行着。

金屋藏娇

汉景帝刘启的薄皇后并没有生下儿子，所以刘启就没有嫡子，这里有必要指出古代皇位的继承传统：立嫡立长。简单地说就是：正妻生了儿子的，就立正妻的儿子；正妻没有儿子的，在所有庶出的儿子中立最年长的那个。所以，按照规矩，汉景帝刘启没有嫡子就遵照"立长"的传统，立了自己的庶长子刘荣为太子。

既然立了太子了，皇位还有什么好争执的呢？有得争，馆陶长公主不喜欢这个太子，所以他的位置将不稳。

没办法，馆陶长公主是皇太后的心肝宝贝，也是皇帝的亲姐姐，是在后宫呼风唤雨的人物。

馆陶长公主为什么就跟自己的一个小侄子过不去呢？说来话长了，馆陶长公主刘嫖自己荣华富贵享之不尽，自己富贵的时候，自然是想着自己的后代，自己的孩子能够比自己更强更好。因此她希望自己的女儿能成为汉朝的皇后。

于是，长公主就找到太子刘荣的妈妈，想跟她商量着把自己的宝贝女儿陈阿娇许给太子。然而不巧得很，太子刘荣他妈妈栗姬向来就看不惯长公主在宫中的骄狂，尤其反感这个骄横的姐姐有事没事就给自己的老公挑些美女送进来，加之自己的儿子如今成了一支潜力无限的绩优股，将来是要掌管大汉江山的，于是自己也骄狂起来，让长公主的热脸贴了个冷屁股。

这还得了，遭到无礼拒绝的馆陶长公主当即恼羞成怒：以为儿子当了太子就飞上枝头当凤凰啦，还早着呢，等着瞧吧！馆陶长公主顿时起了废太子之心。

这个时候，胶东王刘彻的生母王娡还只是景帝后宫里一个地位普通的"美人"。这个王美人地位虽然低下，野心却很大，她不仅聪敏，还通晓世故。她其实老早就盯上了太子的宝座，但是久久不见机会，这下好啦，太子他妈把馆陶长公主惹恼啦，机不可失。

王美人立刻曲意逢迎，百般讨好馆陶长公主，一面教育自己的儿子好好和小阿娇做朋友，有什么好吃好玩的，都要让给表姐阿娇。反正就是一心期待着天上掉馅饼，为自己的儿子谋夺太子之位。

一日，馆陶长公主抱着刘彻问："彻儿长大了要讨老婆吗？"

胶东王刘彻乖乖答道："当然要啊。"

长公主于是指着左右宫女侍女百多人问刘彻想要哪个，刘彻说都不要。最后长公主指着自己的女儿陈阿娇问："那阿娇好不好呢？"刘彻于是就笑着回答说："好啊！如果能娶阿娇做妻子，我就造一个金屋子给她住。"

可以说，这完全是一个小孩子一时兴起说的一句玩话。

但长公主听到刘彻的话，当即狂喜不已，刘彻如此喜欢自己的女儿，要是刘彻以后当了皇帝，自己的女儿不就是皇后了？何必再去求那个太子的妈？

既然太子看不上我们，那我们就换个太子。

长公主的办事速度和方法那是令人满意，上有老妈窦太后撑腰，中间有弟弟刘启担待，下有王美人全心全意好好表现，结果很快就奏效了。

长公主每天没事就待在窦太后身旁，忙前忙后地伺候。皇帝是孝子，也经常去看望母亲，所以长公主就很容易见到皇帝弟弟，她便抓住这个机会，在景帝跟前说栗姬的坏话："栗姬这女人相当善妒，每次遇到其他受宠的妃子，就常让侍者在她们背后吐口水来诅咒她们。"长孙公主还把自己曾经给皇帝找漂亮宫女遭到栗姬嫉恨的事情搬出来。景帝听了姐姐这样说，就开始对栗姬疏远起来。

后来景帝偶然身体不好，就告诉栗姬："我百年以后，希望你能善待其他妃子与她们的儿子。"栗姬听完这些嘱咐的话，暴怒起来，她非但不愿意照顾其他受宠的姬妾子女，甚至对景帝出言不逊，说什么你心里就想着其他人，完全不管她的死活。景帝对她的态度相当不满，看来姐姐讲得一点儿也没错，这真是个醋坛子。但是鉴于她是太子的母亲，还是忍耐下来，没有发作。

长公主在贬低一方的时候，当然不忘抬高另一方。

馆陶长公主时常向景帝夸奖王夫人的儿子。而景帝以前曾听王夫人说，她在怀孕时曾梦见日入腹中，所以也连带觉得王夫人的儿子确实是个难得的人才，是上天赐给大汉的宝贝。

王夫人这边也得跟上长公主的步调，她知道景帝还在担心栗姬的事，怕事情生变，就设计陷害栗姬。

王夫人的毒计乃深谙刘启心理之后想出来的：唆使大臣向景帝请求立栗姬为皇后。

大臣便向景帝进言："常言道，'子以母贵'，今天太子的生母还只是一个姬妾，现在应该给她一个更尊贵的名号才是，所以应当立为皇后。"

这一下，捅了马蜂窝。

景帝大怒道："这是你该说的话吗？"于是将进言的大臣处死，并且废太子刘荣为临江王，将栗姬贬入冷宫。

传位给谁

此事一出，太子之位就空了出来。窦太后欢喜起来，她还记挂着大儿子刘启把皇位传给小儿子梁王刘武呢。但是，有一道坎是很难跨过去的，就是大臣们。

皇位向来传子孙，不传兄弟。这是祖宗家法，不可更改。窦太后想来想去，没办法，就把自己的皇帝儿子喊过来询问。

皇帝一听，又是让他传位给梁王，无奈道："母后，就算我同意，满朝文武大臣们也不同意啊。"

窦太后听了，也是很无奈。她想着自己的孙子和自己的外孙女阿娇订婚了，将来皇帝皇后也还都是自己人，只好做出让步

既然窦太后做出让步了，刘启在废除了前太子刘荣后，就马上把自己的第十子胶东王刘彻推上太子之位，以免夜长梦多。

刘启想错了，夜才刚刚来到，梦也才起个头。

就在刘彻被册立为太子后的第三天，朝廷里出现了一个惊天大案。

历史原来这么有趣·汉朝卷——后刘邦时代

推荐刘彻做太子的朝廷重臣袁盎被人行刺，其他提议以及赞同册立刘彻为太子的十多个大臣也被牵连受伤，就是太子本人的一匹宝马也被人毒死了。

朝野震惊，大汉朝廷一时风云突起，草木皆兵。很快，就有人提出，谁在这次胶东王被册立太子事情中损失最大，谁就是这次事件的最大的嫌疑人。

太子倒了，谁得益？很明显，不就是梁王吗？刘启皇帝不是说要传位给他吗？不是都废了当前的太子了吗？但却又立了自己的儿子，梁王能心甘情愿么？一时间，所有的矛盾都指向了大汉的梁孝王刘武。大家都知道，整个汉朝的诸侯王，就他一个人在做着皇帝的梦想。再说了，七王之乱中，梁王依靠坚固的城池，打掉了吴王刘濞的士气，为周亚夫大举反攻奠定了基础，军功可谓显赫。梁王个人也在这场战争中名利双收，不仅有朝廷的重重奖赏，还捞了无数的战利品，他野心自然就大了。当然，他实力也是最大的。

一个没什么作为的人是没有谁会嫉妒他的，反倒可以提拔他、照顾他，这样能显示自己比他强，心里多舒畅；而一个大有作为的人，不被人嫉妒是很难的，为什么，这个社会在一定的时期内，权利、财富等资源都是有限的，你位高权重了，理所当然得多拿，可是，也许那正好是我苦苦追求的呀！于是，矛盾产生了，梁王遭殃了。

大家将刀口一致对准了曾经令人称慕的梁王。谣言四起，三人成虎，刘启恼怒了。他下令严查凶手，同时派人把梁王府给监视了起来。

梁王刘武明显觉得皇帝哥哥已经在憎恶自己了，生死存亡之际，唯一的指望，就是向母后求救。刘武是一个聪明人，他专门拣那些最可以打动老太太心思的话来说。老太太窦太后终于发飙了："皇帝是我的大儿子，梁王是我的小儿子。现在我的大儿子要杀我的小儿子了。我老太婆还有什么活头啊？我看我还是死了干净，省得在这里碍眼……老了，老了就不中用了。我还是死了算了……"窦太后当然就是要哭给大家看，哭给刘启看。她选择了在召见那些谏官群臣的时候又哭又闹。

汉朝是以孝治天下的朝代，包括皇帝在内的所有子女都不得有不孝的行为发生，否则将被视为十恶不赦，即便是天子也将受到上天严厉的处罚。

这不，刘启看到老太太如此恼怒，马上做出反应来。下令辟谣，大事化小，低调处理。

在窦太后的守护下，梁王的小命算是保住了，但是，威风扫地。自此，未央宫的太监和宫女们再没有见过皇帝和梁王同乘一台玉辇来往了。梁王平日在朝见了皇帝哥哥之后，也没有人见他们哥俩说过半句与公事无关的话。而窦太后的身边却从此多了一个端茶送水的高等仆役——梁王刘武。

一句酒后戏言，换来了兄弟反目，这在皇宫这个是非之地，确实不算什么奇事。对梁王来说，能够保下小命，算是三生有幸了。权力是个魔鬼！我再也不碰你了，老妈妈给了我二次生命，我甘愿生生世世为她做牛做马。

虽然当时的梁王再也没有了奢望皇权的想法，但是皇权之争不会因为他的退出而淡化，在黑暗处，还有无数只眼睛在虎视眈眈地盯着那个位子，目射寒光，并随时准备扑上来……

不过那是下一本书里的故事了——《汉武大帝刘彻》。本书的内容，到此就算完结。

在此，我们要做个总结。

经常有人问，学历史有什么用？可以发财吗？可以出名吗？

回答是：不能发财，也不能出名。但不代表就没用。说没用的人，往往是自己不会用。书到用时方恨少，当它派上用场的时候，就是拿钱也买不到。

它可以分为大用，小用。

古人云："前事不忘，后事之师。"这便是学习历史的大用处。弄清了前朝的兴衰史，就好像看到了前面车子驶过去的车辙，哪一段走得稳，哪一段走得险，哪个地方是坎，哪个地方是沟，都一目了然。这样一来，后面的车子走到沟旁边，就会小心翼翼，防止掉进去。对于一个王朝来说，这至关重要，它关乎无数百姓的生死。

往小了说，学了历史，最起码可以知道很多人物故事。碰见对历史感兴趣的朋友，可以给他们讲故事。遇上友人聚会，也可以讲几个故事给大家助助兴。

当然，这是小道。因为这只停留在"是什么"这个阶段，重要的是，要知道"为什么"以及"怎么办"。

知道了"为什么"，就是抓住了问题的本质，再研究出"怎么办"，就是找到了解决问题的办法。要是果真能实施下去，对于劳苦大众来说，也是一件幸事。

不幸的是，我们往往看不到"为什么"，而且就算是看到了，也找到了办法，可由于欲望等诸多因素的影响，我们也不能改正。

正如著名的哲学家黑格尔所说："人类从历史中学到的唯一教训，就是人类从历史中学不到任何教训。"

这是一句讽刺，也是一句无奈的感叹。

所以，我们经历了数千年的帝制时代，在那漫长的时光中，无数王朝倒下，无数王朝又兴起，它们都重复着前朝的命运，把前人干的坏事再干一遍。

因此，严谨地说，过去那两千年里，我们没有进步。诸多朝代，其实都是一个朝代。

但是，那并不是一团糟。残暴与兵火之中，我们还是发现了温情的存在。

那就是为数不多的几个盛世。

本书中的"文景之治"，就是这些盛世中的第一个。

汉高祖刘邦驾崩后，他的儿子刘盈即位。刘盈体弱多病，没过几年，也随他父亲而去。刘盈死后，吕太后专权，吕氏一族，封王封侯，权倾朝野。几篡刘氏江山。后被诸大臣联合诸王一举剿灭，推举代王刘恒做了新皇帝，他就是汉文帝。

文帝为人极孝，生母薄太后患病，文帝为之尝药三年，故又称之为孝文帝。他在位时，推崇黄老之术，无为而治，对内休养生息，对外友好共处。匈奴强盛，屡次挑衅，文帝都以和亲政策化干戈为玉帛。对于当时的汉朝百姓来说，这无疑是一种极大的幸福。倘若文帝好大喜功，连年战争，那只能是成全了他一个人，而坑苦了天下百姓。

文帝在位二十三年，劝课农桑，鼓励生产，百姓生活安乐富足。他曾经多次减免全国的田租，同时节制开支，禁止贵族官吏的奢华生活，达到了藏富于民的目的，国力为之大增。据说当时朝廷府库里的粮食用之不尽，因为积压过多，都腐烂了，串钱的绳子都因为时间太长而断掉了。那百姓的生活，就可想而知了。

景帝之时，沿袭文帝政策，百姓安乐如前朝，故史家合称之为"文景之治"。

在封建君主制社会里，皇权至上，国家的昌盛与皇帝本人的修养和思想意识密不可分。文景之时，皇帝采用的是无为而治的政策。所谓无为而治，并不是说什么都不干，而是有区别、有选择地干，尽量不去干预老百姓的正常发展，百姓们自己就可以发展得很好。相反，如果什么都要管，百姓们就束手束脚，生产力也就得不到提高了。

不治，才是最好的治。无为而治，治国之最高境界也。

古代一位无名氏留下来一首诗，大概可以为这个理论，为这本书，做最好的注解：

遗编每传风云辈，望乡台上几轮回。兴败皆是百姓苦，从来无为胜有为。

历史原来这么有趣·汉朝卷——后刘邦时代